「家族が幸せになれる家」をつくろう！

江戸時代から続く5代目宮大工が伝えたい、「いい家」を建てる極意

一級建築士
外川秀之
togawa hideyuki

現代書林

はじめに……家づくりは「心」でするもの。その基準は「幸せ」にあります

マイホームを建てることは、多くの人にとって夢であり憧れです。

理想の家を手に入れて、家族仲良く幸せに暮らす……。思い浮かべただけで、なんだかワクワクしてきます。しかし「家」というものは、一生に一度の大きな買い物です。失敗してしまうと、たいへんな事態になってしまいます。家族が幸せになるどころか不幸になってしまったら、何のために家を建てたのかわかりません。

私は山梨県で「株式会社トップホームズ」という住宅会社を経営しています。双子の弟が専務を務めているだけで社員はゼロ。つまり、たった二人のブラザーズカンパニーです。もっとも、私たち兄弟が二人だけで家を建てているわけではありません。協力してくださる業者さんがいらっしゃいます。しかも、最高に安い金額で高品質な家を、心を込めてつくってくださる、すばらしい業者さんたちです。

設立してから約17年になりますが、おかげさまで年間60棟を手がけるまでになりました。

ご契約から着工に10ヶ月お待ちいただき、なかには1年以上お待ちいただいているお客様もいらっしゃいます。

この業績は業界トップクラスだということです。

「どうすればそんなに契約をいただくことができるのですか」といったことをよく聞かれますが、私としては「幸せになれる家づくり」に徹したからとしか言いようがありません。協力業者さんたちも、この考えに心から賛同してくれています。トップクラスの業績は、そんな仲間たちの力も大きいのです。

住宅会社としての基準と到達点は、絶対に「お客様の幸せのため」であること。間違っても「利益」のためではありません。そのため、もし万が一、家を建てることがお客様を幸せにすることにつながらないとしたら、お断りすることもあります。実際にお断りしたお客様が、過去にいらっしゃいました。また、他社で家を建てたほうがそのお客様が幸せになるとしたら、喜んで他社をお勧めいたします。

断ってきたり、他社を勧めてくる住宅会社など、聞いたことがないかもしれません。そのため最初は「ずいぶん変わった会社だなぁ」などと受け止められたようです。

それが、だんだんと人々に理解され、私たちの「幸せになれる家づくり」に賛同してくださる方が増えていきました。年間60棟という業績は、その結果なのです。

利益ではなく幸せを基準にすることは、言うのは簡単でも、行うのは難しいことです。

私は住宅会社の社長であると同時に、心理学を学んでいます。私たち人間は心で動いており、テクニックや金額だけで行動しているわけではない、ということは、心理学を学んだこともあって、かなり理解しているつもりです。

今では建築と心理学はセットでなければならないと確信しています。家は、社員や職人さんなど、関係するすべての人の心が「お客様の幸せ」という方向に向いていなければなりません。それができてはじめて、お客様に心から喜んでいただくことができるのだと思います。

「幸せを基準にする」という姿勢を徹底するためには、幸せな家を建てることを意識しているだけではダメです。無意識のレベルで「幸せになれる家づくり」を目指していなければなりません。なぜなら、意識の領域は3％であるのに対して無意識は97％もあり、行動のほとんどは「無意識」の領域の影響を受けているからです。

無意識のレベルで「幸せになれる家づくり」を目指す必要があるのはそのためです。

毎朝顔を洗うのが習慣になっていれば、意識せずとも顔を洗うという行動に出ます。もし、忘れてしまったら、なんだか気持ちが悪くてしかたありません。無意識のレベルで目指すというのは、言うなればそういうことです。

そうなると仕事中ではなくても、常に「お客様の幸せのため」「幸せになれる家づくり」に自分自身が向かっていくようになります。大げさに聞こえるかもしれませんが、お客様の幸せのために24時間行動できるようになるのです。

ここまでくれば「幸せになれる家づくり」の基盤は本物です。というより、そこまでできなければ、真の「幸せになれる家づくり」はできないのです。

これほどまでに突き詰めているのは、ものづくりの善し悪しは「心」で決まるもの、家づくりは「心」でするものだからです。

私は江戸時代から続く宮大工の5代目として生まれました。

3代目までは神社仏閣を手がけていましたが、先代である父は宮大工の技術を一般住宅にも積極的に生かすようになりました。

私は父の理念を継承し、受け継がれてきた社寺建築の伝統技術と、一級建築士としてのノウハウを融合させ、お客様のために安くて良い家、家族が幸せになれる家をつくるため、日々切磋琢磨《せっさたくま》しています。

この本では私が「家族が幸せになれる家とは何か」「どうすれば家族が幸せになれる家をつくれるか」といったことを、多角的にお話していきたいと思います。

通常の「家づくり本」にあるような実用一点張りではなく、メンタル的な側面も盛り込んだため、一風変わった家づくりの本ということになるかもしれません。

しかし、家という外側を建てさえすれば家族が幸せになるのではなく、あくまでその家で暮らす家族の「内側のあり方」にも関わってくることを考慮していただければ、家づくりにも心の話が関係してくることがおわかりいただけると思います。

今まさに家づくりでお悩みの方、いつか家を建てる時のために情報収集をされている方など、読者の方は少なからず「わが家」に関わっていることでしょう。

この本が多くの方々の「幸せな家づくり」の一助となることを、心から願っています。

外川　秀之

●目次

第1章

社員0人で、なぜ年間60棟も家を建てられるのか？

第2章 私が「お客様の幸せ」のために家を建てる理由

第3章

「家族が幸せになれる家」を建てるために必要なこと

第4章
「家族の幸せ」のためには「会話と健康」が不可欠

第1章

社員0人で、なぜ年間60棟も家を建てられるのか？

営業マンはいません。双子の弟が専務の、ブラザーズカンパニーです

山梨県の甲府駅にほど近い場所に、クリームイエローの家があります。

これが弊社、株式会社トップホームズの中心となる事務所です。

ここにはマイホームを建てたいというお客様が、たくさんお見えになります。

電話で日時をお約束してからおいでいただくわけですが、私が代表取締役の名刺をお渡しすると、中には意外そうな顔をされるお客様もいます。

弊社では、電話の応対から、お客様をお迎えしてお部屋へお通ししたり、お茶をお出ししたりするのも、すべて私か弟の専務です。まさか社長や専務がそのようなことをするわけないと思われるようで、あらためて自己紹介すると、ちょっとびっくりされてしまうのです。

弊社は、私の他に専務である双子の弟がいるだけです。

営業マンも経理や事務担当者もおらず、社員はゼロです。

あとは外注さんとして、一緒に「お客様を幸せにする家づくり」をしてくれる職人さんたちがいるだけです。

家づくりは「心」でするもの

この規模の住宅会社で年間60棟という業績はほとんど例がなく、一般的には社員40人前後の会社のレベルに達しています。

つまり、弊社では2人で40人分の仕事をしているということになります。

あとで詳しく述べますが、幸せな家をつくるために何が必要か、突き詰めて考えていった結果、カタログやモデルハウスは必要ないという答えになりました。

ならば、カタログを配布したり、モデルハウスを運営するための営業マンを雇う必要もありません。その代わり、私たちは2人で何十人分の仕事をしようということにしました。

営業マン40人分の仕事を2人でするということになれば、38人分のお給料がかからなくて済むことになります。

その分、お客様の家づくりにかかる費用を削減することができます。

安くて良い家は誰もが求めています。それは幸せになれる家の大前提でもあります。

営業マンを雇わないことによって、一歩も二歩も「幸せになれる家」へと近づくことができるようになるのです。

カタログはありません。その代わり無限の力があります

ハウスメーカーなどを訪れると必ず置いてあるカタログ。ごく上質な紙を使って、写真も素晴らしいものばかりです。思わず見入ってしまいますし、ページを繰るごとに夢がふくらんでいくことでしょう。

しかし、「幸せになれる家」を基準にすると、それほど素晴らしく夢のあるカタログも、まったく必要ないものとなります。

カタログ1冊にかかる経費がどれくらいであるか、あまり知られていません。超豪華版でなくても、1冊1000円以上の費用がかかっており、高いものでは1万円以上ということもめずらしくありません。

カタログを100～200人に配布したとして、実際に契約をいただけるのは1人です。

199名分のカタログ代は、どこにかかってくるのでしょうか？

それは契約してくださった1名のお客様です。

つまり、ご契約をいただけない199人の代金を、ご契約いただける1人のお客様が負担しているということです。しかもその代金は、ご契約いただいたお客様の家の代金に、

上乗せされているのです。

これはちょっとないんじゃないか、と思いませんか?

人道的に言えば、契約してくださったお客様にこそ、パンフレット代をサービスしたいくらいですよね。

お客様なら誰もが「おかしい」と思う当たり前の感覚を、多くの住宅メーカーは残念ながら無視していると言っていいでしょう。

だから、私はカタログをつくることをいっさいしないことにしました。

カタログをつくらない分、家づくりにかかる費用を抑えることができるようになります。

ただ、一方でカタログはお客様にとって便利なツールにもなっています。カタログを見ながらハウスメーカーに電話をかけて、「○ページに出ているキッチンですけど……」などと具体的な質問をすることができます。これがカタログのメリットでしょう。

しかし、窓口となった担当者が、すぐにお客様の質問に答えられるかどうかは別です。質問の内容によって、設計者につなぐのか、職人さんに確認するのか、上司に尋ねるのか、あるいは提携しているメーカーに問い合わせるのか、という段取りを踏まなければなりません。

豪華なカタログ○百冊
モデルハウス
住宅展示場の費用
え？私が…？
アナタ…
パパ…

そのためお客様にはお待ちいただくことになります。時にはきちんとした返事が得られないこともあります。こうしたことがないように、弊社では私か弟が窓口となって、お客様の質問には直接お答えする態勢をとっています。

なぜそのようなことができるのかというと、私たちは大工であり、営業マンであり、設計者であり、資金のプロであり、決定権を持つ上司でもあるからです。一人何役もこなす力が住宅に関するお客様の要望や質問には、何でも答えられるというわけです。

カタログという有限のものを持たない代わりに、無限の力を持っていると言ったら言い過ぎでしょうか。

しかし、それくらいの気概でカタログを持たない主義を貫いています。

モデルハウスではなく、等身大の「幸せになれる家」をご覧いただけます

さまざまなタイプの家が一同に揃っている住宅展示場。モデルハウスはどれも魅力的で、どんな家にしようか迷ってしまいます。

お客様がモデルハウスに魅了されるのも、わかります。なぜなら、住宅展示場にあるモデルハウスは1~2億円もかけて建てられているのですから。それはもう、デザインも品

質もすべて極上と言えるものです。しかし、1億とか2億という資金を家にかけられる人が、どれだけいるでしょうか。ほとんどいらっしゃらないと思われます。

ちなみにモデルハウスは約5年で建て替えてしまうことが多いのです。億の費用がかかった家を、たった5年で壊してしまうのです。もちろんその後で新たなモデルハウスを、1億、2億という莫大な経費をかけて建築します。

また、住宅展示場の土地を借りるには、年間1千万円以上の費用が必要なところが多いようです。

これら住宅展示場のモデルハウスにかかった経費は、どこで支払われるのでしょうか。もうおわかりですね。契約されたお客様の建築費用に組み込まれているのです。

これはお客様の立場になると、カタログ同様、理不尽なことです。ですから、弊社では、モデルハウスもないのです。当然ながら、このことも建築費カットの役に立っています。

それにモデルハウスはなくとも「現場見学会」は実施しています。

これは、お施主様ご一家が実際に住むために建てられた家を、引っ越し前に一般公開するというものです。もちろん1億、2億という物件ではありません。予算内で無理なく、しかしこだわりをもって建てた「幸せになれる家」です。

「モデルハウス」より有益な「現場見学会」の様子

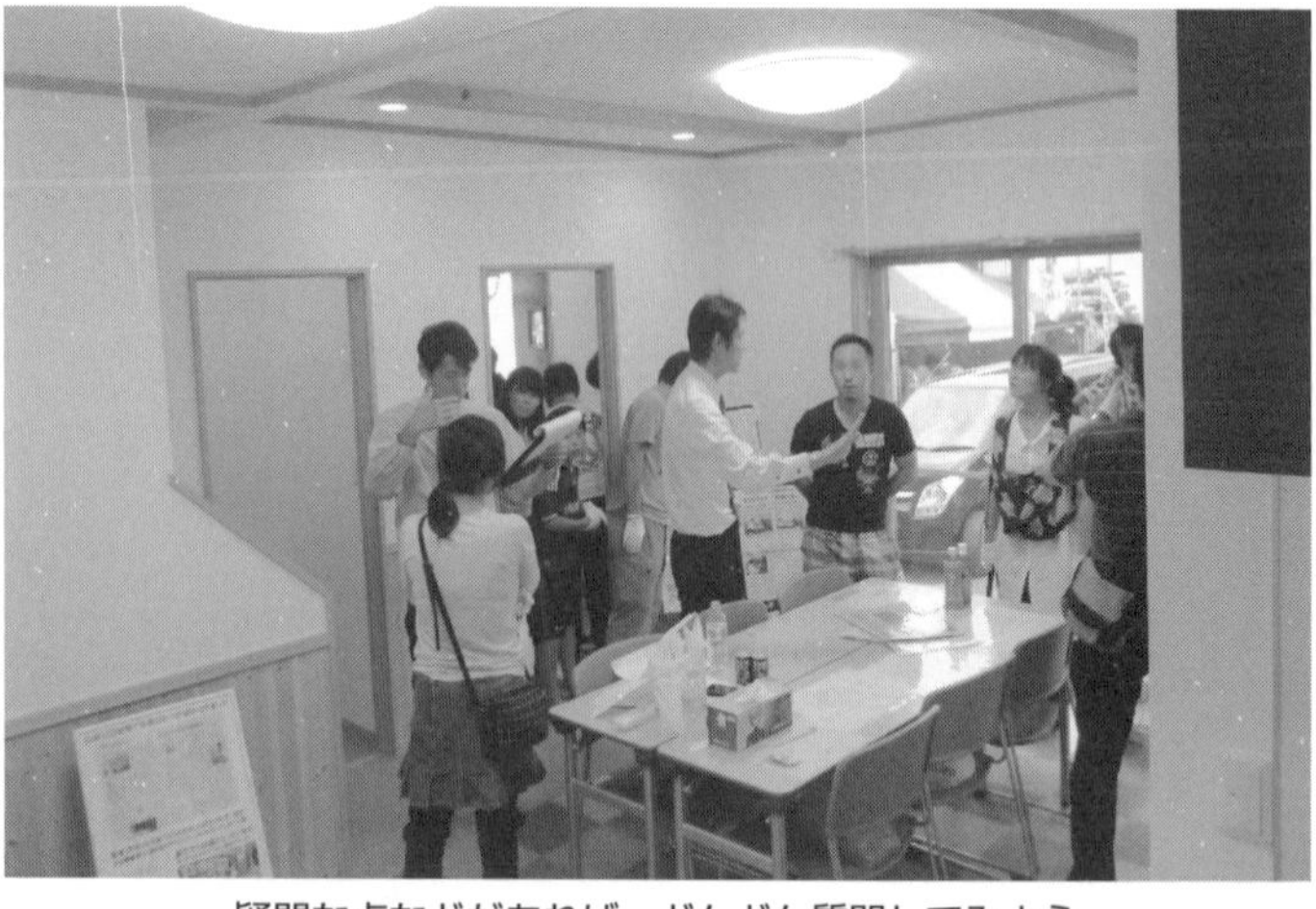

疑問な点などがあれば、どんどん質問してみよう

こちらのほうが多くの方にとって、モデルハウスよりもずっと役立つはずです。

空間を有効利用するためにどんな工夫があるのか。

引き戸と開閉式ドアの違いはどうなのか。

収納スペースはどうすれば生かせるのか。

リビングに家族が集まるようにするにはどんなつくりがいいのか。

そのひとつひとつを実際目にしてメモをとっておくと、家づくりに確実に役立ちます。

モデルハウスのような豪華な家のつくり方ではなく、安くていい家がどのようなものか、どのようにつくるのか、ということがわかるのです。

「契約をください」とお願いをしたことは一度もありません

「今ご契約いただければ、もう少しお値引きできますよ」

「どうですか、かなりお得な内容じゃないかと思いますけど。ぜひ、お願いします」

住宅会社で見積もりをした経験がある方なら、このようなことを言われたことでしょう。

たとえ「契約してください」とはっきり言葉にしていなかったとしても、営業マンが契約をほしがっているのは誰が見てもわかります。

お客様と契約を結ぶ際、弊社では自分からお願いすることは決してありません。お客様の要望に応じて弊社で何ができるのかを提案するだけです。

「これでいかがですか」

私の提案に対して、お客様が納得され、「お願いします」と言ってくださったとしたら、その時初めて「ありがとうございます、こちらこそ、よろしくお願いいたします」と、心からお礼申し上げるのです。

「契約をください」とお願いして契約を結ぶのと、お客様ご自身が「お願いします」と言ってくださってから契約をいただくのと、どう違うかわかるでしょうか。

前者はお客様との上下関係が生まれます。もちろんお客様が上です。

後者は対等な関係です。

私は、最高のものをつくる、幸せになれる家をつくるためには、そこに関係する人がすべて対等でなければならないと思っています。

子どもの時のことを思い出してください。親友と呼べる友達とは、対等な関係ではなかったですか？

だからこそ助け合うことができたし、協力して何かを成し遂げることができた。

お客様と私は幸せになれる家をつくるのを目的として手を取り合った、協力関係にある仲間です。協力関係でいられるということは、信頼し合えるということです。そのほうがお客様は何の気兼ねもなくいろんなことを相談できることでしょう。

この関係を築きたいために、私は「契約をください」とは言わないのです。同様の理由で売り込みもしていません。

建材や工法の説明をする時は、まずデメリットからお伝えします

ある商品をとにかく売りたいと思った場合、あなたはその商品についてどのような説明をしますか？

おそらく、それがどれほど良いものか、メリットの部分をたくさん紹介することでしょう。では、デメリットについてはどうでしょうか。

あなたはその商品のデメリットを知り尽くしていますが、それをお客様に伝えるでしょうか。たぶん、話したくないと思うことでしょう。デメリットを話せば商品を買ってもらえなくなってしまう可能性があるからです。

売ることが目的なら、それも仕方ありません。

しかし、お客様の幸せが目的であるなら、結果は違ってきます。デメリットがあるのに黙っていることは、お客様の幸せを基準にして考えれば、明らかに裏切ってしまう行為となるからです。

自分が購入する立場になればわかりますよね。使っているうちに、必ずデメリットに気がつきます。その時、窓口となった店員さんのことをどう思うでしょうか。

「良いことばかり言って、こういうデメリットがあるなんて言ってくれなかった。あのお店で買い物をするのは、もうやめよう」

そこまで思ってしまっても、不思議ではありません。

しかし、正直にデメリットを説明して、それに納得した上でお客様が購入されたとしたらどうでしょう。

「確かに店員さんの言っていたとおりのデメリットがあった。あの人は本当のことを正直に言ってくれる人なんだ」

そんなふうに思ったお客様は、再びそのお店で買い物をしてくれることでしょう。

私は建築材料や工法について、まずデメリットからお話することにしています。

たとえば、杉板について、天然の物だから色合いは一定ではないこと、伸縮するため隙間が生じてしまうということをお伝えしました。

お客様はそれに納得して杉板を選びました。

しばらくして、そのお客様から、連絡がありました。

「外川さんのおっしゃったとおり、本当に隙間ができましたよ！」

なんだかうれしそうな声です。それは杉板特有のデメリットなのに、まるで喜んでいるかのようなのです。

デメリットについて話すときは、どうしてもちょっと臆してしまうのですが、正直に話すことによって、かえって喜ばれるのです。

そして、もし、あらかじめ話したような状態が起きなかった場合は、「大丈夫でしたよ！」「たいしたことありませんでしたよ」などと、やはり喜ばれるのです。

なければないで喜ばれ、話したとおりになればなったで喜ばれる。

デメリットを話すメリットは、たいへん大きいと感じています。

他社で家を建てる方にも、家が完成するまで無料でアドバイスをします

私は弊社で家を建ててもらうことを目指していません。

もちろん、できれば弊社で建てていただきたいと思っています。

しかしそれがお客様の幸せにならない場合、つまり、弊社よりももっとふさわしい住宅会社がある場合などは、他社を紹介するようにしています。そして、家が完成するまで、お客様の相談には無料で対応します。

また、すでに他社で家を建てる契約をされたお客様が相談に訪れた場合でも、やはり無料でアドバイスいたします。

弊社で家をつくりたいと希望してくださったお客様に対して、どうしても他社で建てていただかなければならないケースがありました。

そのお客様が家づくりに求めたものは、第一に将来ご両親を介護できるようすぐ近くに住むこと、第二が安くて良い家を建てることでした。

家づくりは優先順位を大切にしなければなりません。ですから、第一条件を満たすべきなのです。

ご両親の家の近くでやっと土地を見つけましたが、それはある住宅会社と契約することが条件となっていました。お客様は弊社で家を建てたいと望んでいらしたために、たいへん悩んでおいででした。

私は思いきって申し上げました。

「○○建設で、安くて良い家を建てましょう。そのために、最後まで相談に乗ります。心配なことや不安なことがありましたら、なんでもおっしゃってください」

工事が着工となってから、お客様は何度も弊社に足を運んでくださいました。

「基礎の部分がこんなふうになっているんですけど大丈夫ですか？」

「断熱材はこういうのを勧められたんですけど……」

私は私の持ちうる知識をもとに、「こんなふうに頼んでみるといいですよ」「こういった材質を選ぶといいですよ」といった具体的なアドバイスを最後まで行いました。

お客様の家が無事に完成したときは、自分でも思いがけないほどうれしさがこみ上げました。

弊社で手がけたお客様の家が完成した時とは、また違った喜びです。

たとえ無償であったとしても、この喜びは金銭では得られない力を与えてくれるのです。

ですから、損をしているなどということはまったくなく、喜びをいただける分、得をしているのです。

家を建てることをお断りすることがあります

お客様の幸せを基準にすると、家を建てることをお断りする場合があります。

当然ながら、お客様は家族が幸せになるために家を建てたいと望んでいるのです。

家を建てることが幸せにつながらないのがわかっているのに、「大丈夫ですよ、契約できますよ」などと言ってしまうのは、お客様の夢や願いを大切にしている態度とは言い難いはずです。

私だって人間ですから契約はいただきたいのです。

しかし、それがお客様の幸せにならない、つまり幸せを求めて来ていただくお客様を裏切ることになるのであれば、絶対にするべきではありません。

実際に、過去に「申訳ありませんが」と、お断りしたことがありました。

年収が300万円のお客様でした。それが安定的な収入であれば、家をつくるのは不可能ではありませんでした。しかし、残念ながら不安定だったのです。

せっかく家を建てても、相当切り詰めた生活をしなければならないのは火を見るよりも明らかでした。私は勇気を出して、「もう少し収入が安定するまで待ってみませんか」と申し上げました。

そのお客様は納得され、そして心から理解してくださいました。

今も夢のマイホームに向かって、前向きに励んでいらっしゃいます。

職人さんは対等な立場。協力関係にあります

先ほど、「お客様とは対等であり、協力関係にある」と申し上げました。お客様と同様、職人さんも対等な立場、協力関係にあります。

残念ながら、ほとんどのメーカーや現場監督は、大工さんに対して「仕事をやらせてやっている」という態度です。

職人さんは家づくりの技術を結集した人です。どれほど契約をいただけたとしても、職人さんなしでは家は建ちません。大工さんあっての家づくりなのです。

「契約とったから、おまえたちにやらせてやる」という態度が、どれほど職人さんのプライドを傷つけていることでしょう。

私自身、大工として家づくりに携わった経験があるので、よくわかるのです。

プライドを傷つけられた職人さんは、どんな思いで家づくりに臨むでしょうか。

そこに「お客様のために最高のものをつくろう」という思いはあるでしょうか。それがないのであれば、喜びや誇りも失われてしまうのではないでしょうか。

これでは、どんなに腕利きの職人さんであったとしても、良い仕事をしてもらいようがありません。その瞬間、「幸せになれる家」は実現不可能となります。

私に言わせれば、私にとって職人さんは少し上の立場の人、お願いしますと頭を下げるべき人です。

でも、それをしてしまうと対等な立場が壊れてしまうので、あえて「一緒に頑張りましょう。よろしくお願いいたします」と申し上げます。

後で詳しくお話しますが、弊社の仕事をしていただいている職人さんは、どの人もエリート中のエリートです。技術もさることながら、ものづくりの基本となる「心」をしっかりと抱いている人たちです。

「幸せになれる家」は、そんな職人さんたちとお客様、そして私が、タッグを組むことによって実現できるのです。

命がけで家をつくる心を持った職人さん

合格率は50人に1人

協力をいただいている大工さんには、少し変わった叱り方をします

「誰がこんなふうにしろと言ったんだ！　勝手なことをするな！」

建設中の現場で、監督らしき人が大工さんを叱っている光景を目にしたことがある人も少なくないことでしょう。

もし、あなたが大工さんだったとしたら、どんなふうに感じるでしょうか。

間違ったことをしてしまったことには変わりないけれど、悪気があったわけではない、それどころかよかれと思ってしたことだった——。それを頭ごなしに否定されたら、やる気まで失せてしまいそうです。これでは良い家をつくれるわけがありません。

私は大工さんに限らず、誰かの間違いを指摘したり注意をしたりする場合、絶対にその行為を否定しません。まず、その行為について理解しようとします。

わかりやすい例をあげましょう。

あなたのお子さんが、あなたのために花を摘んできてくれました。お子さんはあなたに喜んでもらえると思って、もう得意満面です。

しかし、その花は隣の家の花壇に咲いているものでした。日ごろから熱心に手入れをし

ているのを、あなた自身も目にしています。

「お隣のお花を摘んだりしたら、ダメじゃないの！」

こんなふうに叱る人はめずらしくないと思います。普通の意識のレベルで考えれば、それはまったく正しい判断です。

しかし、お子さんは「きれいな花を大好きなお母さんに見せたい。喜んでくれるかな」という無意識が働いて、つい花を摘んでしまったのです。お隣が大切にされている花を摘んではいけないということを、単に知らなかっただけです。

この、お子さんの無意識の部分をすくい上げるとしたら、叱り方は違ってきます。

「わあ、きれいなお花ね。ありがとう、すごくうれしいわ」

こんな言葉が出てくるはずです。

そして、「でもね、これはお隣の方の大切なお花なの。それをとってしまうのは、良くないことなのよ。お隣さんはがっかりしてしまうわね。そうじゃないお花をプレゼントしてくれたら、お母さんも、もっともっとうれしい」

こんなふうに語りかければ、お子さんは心を閉ざすことなく、悪いことをしてしまったと素直に反省することでしょう。

頭から否定されたら、「お母さんのためを思ってしたことなのに」と、心を閉ざしてしまうことでしょう。もしかしたら、反省する気にもなれないかもしれません。

もし、大工さんが何か間違ったことをしてしまったとしても同じことです。「こんな仕事をしていたらお客様は納得しないぞ」と大工さんを否定しては絶対にいけません。また「お客様は納得しないぞ」とお客様を悪者にしてもいけません。お客様を大切に感じなくなってしまうからです。

私は必ず、「いつも一生懸命やってくださってありがとうございます」ということを述べます。

「せっかく苦労してやっていただいたところ申訳ないけれど、お客様に一生安心して暮らしていただくには……」と、間違いを指摘するのは、それからです。お客様が幸せに暮らしていただくために直すのが前提であって、お客様が怒るから直すわけではないからです。

これだけで、大工さんは「いやいや、私の方こそうっかりしてしまった、すぐに直させていただきます」と、気持ちよく直してくれるのです。

それどころか、前よりもさらに一生懸命、幸せになれる家づくりに励んでくださるようになるのです。

大工さんの面接には3時間かけています

しかし、大工さんであれば誰でもこんな関係が築けるわけではありません。「幸せになれる家づくり」の理念を心から理解し、そのために心を尽くしてくれる大工さんでなければ、なかなか良い協力関係にはなれないのです。

そのため、大工さんを選ぶための面接には3時間かけています。これを私は『心の面接』と呼んでいます。建築技術の話ではなく心の話を徹底的に行います。合格率は50人に1人と、非常な「狭き門」です。

今、私が契約している外注の大工さんは12人います。彼らを選ぶために、お会いした大工さんの人数は、ざっと数百人。共に「幸せになれる家」をつくる大工さんたちは、まさに選《え》りすぐりの職人さんということです。

面接では、「自分の子どもの家をつくるようなつもりで、お客様の家をつくっているか」ということを必ず伺います。

たいていの職人さんは、「もちろんです」と、お答えになります。

でも、本当でしょうか？　そんなはずはありません。他人と自分の子どもに、まったく同じ思いを抱くことなど無理なのです。職人さんは意識的にそう思っていると「言っているだけ」で、無意識のレベルからそう思っているわけではないのです。

私が「お客様に対して自分の子どもの家をつくるようなつもりでいますか?」と質問するのは、こうした意識と無意識のズレというか、思い込みに気づいてほしいからなのです。

そこに気づくことができれば、ズレを補っていくことができます。

では、どうすればズレを補えるのでしょうか。

それには、職人さんに徹底してお客様の立場に立っていただくのです。たとえば相手は「コンビニの店員さん」「車の営業マン」「お医者さん」「設計者」「銀行家」などで、職人さんは常にお客様役になります。その状態でいろいろなシチュエーションを想像するのです。

せっかく買った車のシートが、わずかだけれど汚れていた。営業マンは「たいしたことないですよ、大丈夫です」と言った。でも、そう言われた自分は、どんな気持ちがするだろうか?

実際に、営業マンの言う通りたいした汚れではないのかもしれません。でも、自分がお客様の立場なら、ほんのちょっとのことでも「イヤだな」「大丈夫かな」と思うものです。

これは家についても同じことです。職人さんにとっては些細なことであっても、お客様にとっては重大なことになります。それが、さまざまなシチュエーションでお客様の立場になってみることによって理解できるようになるのです。

すると最後には、「子どもにつくるのと同じ気持ちで、お客様の家をつくるべきだ」に変わっていきます。この段階で、職人さんは「命がけで家をつくる人」になります。親というのは、子どもを守るためなら命をかけることができるのですから、子どもの家をつくるのと同じようにお客様の家をつくるということは、命がけでつくる、ということに限りなく近いのです。

それまでは「家をつくるということが、どれほど重大なことか」ということは、意識のレベルでしか理解していなかったのです。それが、無意識のレベル、本能のレベルから理解することができるようになります。

しかし、そこまで至る大工さんは、とても少ないのが現状です。

それでも私は、野球界で言えばイチロー選手のように、トップで鍛えた職人さんの中から、心を同じくできる人を選びたいのです。

それは言わば、「幸せになれる家づくり」のための最強のエリート集団です。

○○様邸と呼ぶことで、お客様に対する思いを本物にします

こうして選び抜いた大工さん、職人さんたちには、お客様の幸せを基準にするための「心の筋トレ」をやっていただきます。

たとえば、たいていの大工さんや住宅会社では、お施主様の家を「○○邸」と呼びます。これはごく普通のこととしてまかり通っています。

しかし弊社では「○○様邸」と、必ず「様」をつけるようにしています。

もちろん、ふだん「○○邸」と言うのが当たり前の人たちも、お客様の前では「○○様邸」と言っています。でも、これでは見える部分だけ、つまり意識の部分だけでそうしているだけです。無意識の、見えない部分から「○○様邸」と、ていねいな呼び方をしていなかったら、それは本心にはなりません。

不思議なもので、「○○様邸」と言うだけで、お客様に対する感謝や、お客様を大切にしようという気持ちが浸透していきます。この、知らぬ間に浸透していった感謝や大切に思う気持ちこそが、無意識の、真実の、確固たる「思い」なのです。

職人さんたちにとっては「○○邸」と呼ぶのが当たり前だったので、最初はとても言い

にくそうにしています。恥ずかしいような気がするらしいのです。

しかし、1週間すると、なんとなく慣れてきます。1ヶ月ですっかり抵抗がなくなります。3ヶ月後には、もうすっかり定着してしまいます。

別の会社の大工さんが「○○邸」と呼んでいるのを耳にしたら、「あの人、○○邸なんて言っていたよ！　驚いたねえ、よく様もつけずに呼べるものだ」などと、すっかり変わってしまいます。これには私の方が驚きました。

単に「○○様邸」と呼ぶだけで、これほどまでに無意識の改革ができてしまうのです。

申訳ありませんが、お客様には10ヶ月お待ちいただいています

最強のエリート職人集団、少数精鋭といえば非常に聞こえがいいのですが、それゆえの悩みもあります。それは、10ヶ月、なかには1年、お待ちいただいているお客様がいらっしゃるということです。これは明らかに弊社の人員に対してお客様からのご依頼が圧倒的に多いという状態です。

12人の職人さんに対して年間60棟というのは、やはりどう考えても分子が大きいと言えるでしょう。

しかし、だからといって本当の心を持っていない職人さんを雇いたくはないのです。技術の面でも心の面でも、「幸せになれる家づくり」に反するような職人さんを頼んでしまったとしたら、その時点で「お客様の幸せ」という基準を外れてしまいます。

「お待たせして悪いから」とか、「早く完成することをお望みだから」というのは、一見、お客様のためを考えているような気がします。しかし、それによってクオリティが下がってしまうのであれば、元も子もありません。

家は、完成してから30年、40年、あるいは50年と、長い年月を共にしていくものです。その家を安易につくってしまってよいのでしょうか。

もし万が一、10ヶ月を待たなかったことによって、その後の数十年に不安が残るような家づくりになってしまったとすれば、それはもう「幸せになれる家」ではなくなります。

いざ暮らしはじめてから何らかの不安が生じたとき、お客様は「やっぱり待つべきだった。急がせたから、手抜きされてしまったのではないだろうか」と考えてしまうことでしょう。こうして考えていくと、やはり申訳ないけれどお待ちいただこう、ということになるのです。お客様には充分にお話をして、ご納得いただけるようにしています。

値引きはいたしません

今の世の中は、さながら値引き合戦の様相です。

お客様にしても値引きは当たり前になっているのではないでしょうか。値引きされなかったら、なんだか損をしたような気分になりそうです。

家づくりもまったく同じで、住宅メーカーのチラシには、「100万円値引きキャンペーン」だとか、「今ならエアコン3機つきでお値段据え置き」などといった言葉が躍っています。契約の際にお客様が迷っていたら、「ここだけの話ですが、これだけ値引きします」などと持ちかける場合もあります。

あるいは「値引きしないんなら契約はしない」という強気なお客様に対して、「じゃあ、なんとかがんばってここまで下げます」などと電卓をはじいたりします。

ちなみに、もし何も言わないおとなしいお客様だったら、このようなことはありません。

これって、なんだかおかしいと思いませんか？　キャンペーン期間中であろうと、その値引きした分は、どこで支払われるのでしょう？

そもそも、そんなにしょっちゅう金額が変わるなら、最初に提示されていた値段はなんだったのでしょうか。まったく同じ家を、強気のAさんは1500万円で購入し、おとなしいBさんは1800万円で購入した……。

あなたがもしBさんの立場だったら、決して気持ちのよいことではないはずです。それどころか、騙されたような気分になってしまうことでしょう（実際に騙しているのと同じなのですが）。ですから弊社では、値引きはしていません。

その理由は、適正な利益だけをもらっているため、値引きのしようがないからです。それに、同じものを、違う値段で複数の人に買ってもらう、などということはしたくないからです。それは、完全にウソをついているのと同じだと思っています。

もちろん、お客様に「弊社は値引きはしていません」と申し上げるには勇気が必要です。それでご契約をいただけないこともあるでしょう。

しかし、どの角度から見てもフェアである、どの人の前でもまったく同じことを言える、そんな立場でいるためには、これも大切なことなのです。

この「値引きのカラクリ」については第3章で詳しくお話することにして、ここでは値引きは理不尽なものだということに気づいていただきたいと思います。

第2章

私が「お客様の幸せ」のために家を建てる理由

私は、150年続く、宮大工の5代目として生まれました

初代外川藤助が現在の富士河口湖町で宮大工として仕事を始めたのは、安政元年（1854年）のことです。黒船の来航で日本中が沸騰するような騒ぎとなり、幕末という歴史の大転換期に火がついた頃でした。

2代目外川作太郎、3代目外川殿吉は、継承した初代の技術にさらに磨きをかけるため、京都や奈良で修行をし、明治から大正にかけて、神社仏閣を手がけました。

白山神社拝殿、妙法寺山門、富士浅間神社社務所などは、これら先祖が手がけたものです。100年前の施工物件を、今でも目にすることができるのです。

当然ですが、築30年で建て替えなければならない施工物件とは、つくりがまったく違います。

ちなみに3代目は「生きた彫刻を彫ることができる棟梁」と称されていました。彼の掘ったものが、今にも動き出しそうなほど生き生きとして見えるからです。

3代目である祖父から何かを教えられたわけではないのですが、5代目である私も「生きた彫刻を彫ることができる棟梁」と呼ばれています。

白山神社拝殿

富士浅間神社社務所

昭和という新たな時代に宮大工を受け継いだ4代目外川健児、つまり私の父は、宮大工の特別な技術を一般住宅にも役立てようと考えました。そのため、神社仏閣に見られる入母屋造りを、普通の家にも取り入れていました。

よく父は、食事をしながら、お弟子さんと仕事について、さまざまな話をしていました。何人もいるお弟子さんのうち3～4人は住み込みで、家族同然に食卓を囲むのが、我が家では当然の光景だったのです。私にとっては、ちょっと年の離れたお兄さんがいる、といった感じでした。

「あのお客様のことを、幸せにできただろうか」

「神様の家をつくるんだから、手を合わせ、心を込めて仕事をしよう」

「見えないところまでしっかりやらなくちゃならない」

物心つく頃から、私はその会話を聞くともなしに聞いていました。何のことを言っているのかその時はわからなくても、父の言葉は、私の中に確かに刻まれていったのだと思います。また、初代から受け継がれた古文書も、少なからず私の建築に対する考え方に影響を与えていると思います。

古文書には建築技術に関することが、事細かに綴られていますが、なにしろ昔の人の字

あのお客様を
幸せにできただろうか…
先代
ありがとう
おかげさまで
私たちもこの心を受け継いでいます

ですから読もうと思ってもなかなか読めません。それでも、不思議と「心」が伝わってくるのです。

「初代も、2代目も、3代目も、こうして丹念に精魂込めて神様の家を建ててきたんだ。そして4代目の父は、神様の家を建てるのとまったく同じ思いで、人様の住む家を手がけたんだなあ」

そんな感慨がわき上がってくるのです。「家づくりは心でするものだ」という発想へ自然と行き着くのも、そのためかもしれません。

父の「あのお客様を幸せにできただろうか」という言葉。

それは、ひるがえって言えば、お客様を幸せにできなかったとしたら、それはまっとうな家づくりではない、ということです。

だから私は「お客様を幸せにする家」をつくることを、ほとんど使命のように感じているのです。

私は「お客様の幸せ」のために、24時間行動しています

「お客様を幸せにする家をつくろう」という思いを抱いている同業者はいることでしょう。

しかしほとんどの人が「意識して」そう思っているのだと思います。
真に「お客様を幸せにする家」は、意識しているだけでは実現できません。無意識から
それを望んでいなければならないのです。

コンビニで買い物をするときのことを思い出してください。レジで支払いを済ませた際、あなたはアルバイトらしき店員さんに、どのような声をかけますか? 何も言わない人、「どうも」くらいは言うという人。中には「どうもありがとう」とおっしゃる方もいるかもしれません。

しかし、「どうもありがとう」と声をかけた場合、それはごく自然に、本当にありがたいと感じて出た言葉でしょうか。

何も言わない人や、「どうも」と言って帰る人には、「こっちはお客なんだから」という意識があるはずです。お客なんだから店員に感謝されて当たり前、というわけです。まして客である自分が「ありがとう」などと、なぜ言わなければならないのだろう? そんな意識が根底にあるのです。

「どうもありがとう」と声をかけた人は、そうするように心がけている人かもしれません。
「無意識のうちに心から」というよりは、何かの理由でそのようにすることを自分に教育

しているのかもしれません。

実は、私も昔はそうでした。コンビニで買い物をした時も、レストランで食事をした時も、タクシーやバスの運転手さんに対しても、意識して「ありがとう」と言うようにしていたのです。

しかし、よくよく考えてみれば、コンビニで買い物がスムーズにできるのも、店員さんのおかげです。もちろんお金を払うのは私ですが、店員さんがいなければ支払うこともできません。

レストランでもしかり、バスやタクシーの運転手さんでもしかりです。そういう方々がいるからこそ、私は「お客様」になれるわけです。

このように、ふだんの生活で何気なくふれあう人というのは、私のお客様と比べれば、ずっと遠い人になります。しかし、この「遠い人」に心から感謝できるようになることによって、お客様に対する「おかげさまで」「ありがとうございます」の気持ちは何倍にもなるのです。

何倍にもなった「おかげさまで」「ありがとう」は、まったくの無意識から発せられる感情であり、言葉になります。

お客様に対する感謝というのは、まさにこの時「本物」となります。そして、無意識から発せられるということは、常にお客様のことを思っている、お客様のためになることに心を向けている、ということにつながっていくのです。そこまで至ると、私は「お客様の幸せ」のために24時間を使っているも同然となるのです。

不思議なもので、これが定着してしまうと、コンビニの店員さんに対しても心から「あぁ、ありがたいな」と思えるようになるのです。

お客様に対して感謝するのは誰でもできることです。でも、そうではない遠い人に対して感謝することは、なかなかできません。お客様に感謝の意を表すことは利益に通じますが、そうではない人は何の利益にもならないからです。

また、どんな人に対しても感謝する姿は、お客様からは見ることができません。お客様に見えるのは、お客様を前にした時の私だけです。

私は、お客様からは見えない部分こそを磨かなければと考えました。

もし、あなたの目の前に、お客様だけに感謝する人と、誰にでも心から感謝する人がいるとしたら、どちらの人に信頼を寄せますか？

人の心を動かすのは「無意識」です

私がお客様のために、見えていない部分こそを磨いていこうと考えるに至ったのには、わけがあります。

前にも述べましたが、心理学で言うと、無意識は97％で、意識は残りの3％でしかありません。しかし、その3％の意識が「その場」をつくっています。一般的な人は、この3％が１００％だと思って生きています。無意識の部分は自分でも気づくことができない部分だからです。だから「無意識」というのかもしれません。

なんとなく元気がない人がいると、意識して「どうしたの？」と声をかけます。

これが「その場をつくっている意識」の働きです。だからこの場合の「どうしたの？」という相手を案ずる言葉は、つくった言葉ということになります。

このように言葉や行動などで表現されるので、「目に見えるものが意識」とも言えます。意識によってつくられた言葉というのは、状況によって変化してしまいます。

たとえば、今朝、満員電車の中でとても不快な思いをした、そのうえ寝不足だからとっても機嫌が悪い。そんなときに相手を思いやる言葉が出てくるでしょうか。

「あー、イライラする。周りに気を遣ってなんていられないや」

そんな心境では、いたわりの言葉が出てくるはずもありません。

意識から発せられる言葉というのは、状況によって変わってしまう、とてもはかないものなのです。「イライラする」というのは「無意識」なのですが、意識は無意識によって左右されてしまうということです。

ただ、「イライラする」と思っていても、お得意様を目の前にすれば、たちまち明るくていねいに接することができたりもします。お客様からは、内心のイライラは、よほどのことがない限り見えないでしょう。

たとえ不機嫌でも、利益をあげるためには自分を取り繕うことができるということです。だから、本心から喜びが発せられているわけではありません。

これではお客様の心を動かすことはできません。

無意識は「無」意識というくらいですから、目に見えない部分です。

私は見えない部分、外側からは気づけない無意識の部分こそを、鍛えるべきだと思っています。97％の無意識によって左右されてしまう3％の意識を磨くより、意識に常に勝つ無意識をピカピカに磨き上げる方が絶対に強いからです。

その強さというのは、真実だけがもたらす強さです。そこに一点の曇りもない、どこから見ても裏がないもの。

人の心を動かすのは、そうしたものではないでしょうか。

建築や不動産関係者の間では、契約していただけなかった、あるいは途中でキャンセルされたお客様に対して、「せっかくここまでやってやったのに」というようなことを言う人がいます。

私に言わせれば「やってやった」という時点で、すでにお客様を裏切っています。なぜなら、無意識に「契約を取り付けたいからやってやろう」という思いがあり、「お客様のために一生懸命やらせていただきます」というのは意識から出ていた、「つくった言葉」だからです。

お客様にしてみれば、確かに一生懸命説明して値引きもすると言ってくれたけど、なぜかもう一歩、決心できない、といったところでしょう。

実はお客様自身も気づかないうちに、営業マンの「無意識」を察知していたのです。だから、契約に踏み切れなかったのです。

こういう話はいくらでもあります。

大丈夫ダイジョウブ…
契約にふみきれない
なぜかなんとなく
のはナゼ…

言葉を飾らない人柄で、人としゃべるのも得意ではない営業マンが、なぜかお客様の受けがいい。

たいした宣伝もしていないのに、なぜかお客様が絶えないレストラン……。

それらはすべて、無意識の部分で「おかげさまで」「ありがとう」が言えているのだと思います。

私は、家づくりを担うプロです。お客様の幸せに対して、大きな責任を持っています。

お客様に安心してお任せいただくために、無意識の部分から変わるべきだというのは、考えてみれば当たり前のことではないでしょうか。

無意識を鍛えることを、私は「心の筋トレ」と呼んでいますが、これを実現できたのは、私と二人三脚で歩んでくれる双子の弟の存在があったからです。

双子の弟と取り組んだ「心の筋トレ」とは?

無意識を「心の筋トレ」で改革しよう——。そう決心しても、なかなか実践するのは難しいものです。

私自身、バタバタ忙しくしている時に職人さんから電話がかかってきたりすると、つい

「なんだよ～、この忙しい時に」などとボヤいたものです。

私の立場からしてみれば、確かに間違ってはいません。実際に忙しくて、電話の対応などしていられないほどなのです。

しかし、職人さん、あるいはお客様にしてみればどうでしょう。こちらが忙しいかどうかは、想像するほかありません。たぶん忙しいだろうな、と思いつつ、でもどうしても仕方がなくて電話をかけてきたのかもしれません。

相手の立場からしてみると、私の態度は「人の気持ちもわからない」、理不尽で不快なものだったことでしょう。

私は弟と、「こうした否定的な言葉を言った場合は注意し合おう」と約束しました。その際、言われた側は素直に謝り、改めることを鉄則としました。注意されたら、どんな場合でも言い訳無用というわけです。

今度は弟に、お客様から「商品の変更をしたい」と電話がありました。

「まいったな～。今さら変更って言われてもなぁ」などと弟が言います。

私がすかさず「いや、まいったというのは違うんじゃないの。お客様にしてみれば悩んだあげくの決断だったんだし、むしろこちらから確認すべきだったんだよ、プロなんだから。それをお客様に言わせてしまったのは、申訳ないことだったよね」などと言います。

そう言われて弟は前言撤回。申訳ないことをしたと反省します。

こんなやりとりを始めると、自分がいかに不満を言っているか、ぼやいているか、否定語を言っているかということに気づきます。その都度弟が指摘するわけですから、嫌でも気づかされます。

やがて指摘される前に、「あ、また言おうとしてしまった!」と、気づくようになります。次には、「またか」なんて否定したらいけないな、と心が動くようになります。

そしてついには、どんな場合にも否定するなんてありえない、何があろうと感謝があるのみだ、というほどに成長します。

「心の筋トレ」を実践し続けた結果、無意識という目に見えない部分、裏側をきれいにしていくことができたのです。

もし双子の弟という対等な存在がなかったらできなかったことでしょう。「心の筋トレ」というぐらいですから、毎日の些細な積み重ねが大切なうえ、「目に見えない部分」に関することだけに、続けるのが大変だからです。

下請け業者さんのつらさを知っています

生まれた時から職人さんが身近な存在だった私にとって、その大切さも人一倍、理解できているのではないかと思います。

父はたとえ弟子であろうとも、職人さんをないがしろにしたことはありませんでした。それもそのはずです。いくら父が腕利きの宮大工でも、一人で家を建てられるわけがありません。何人もの協力してくれるお弟子さん、職人さんがいてこそ、できるのです。

それだけに私が大工として元請け会社から仕事を請け負わせてもらった時に受けた待遇は、本当に違和感を覚えました。

「この仕事、おたくにやってもらうよ。ただ、予算がないから、たいして払えないよ」

「なにやってんだ、勝手なことするな！」

「もう少し早くできないのか」

こんな言葉遣いは、ごく当たり前です。

建築業界で職人さんは「下請け業者」と言われています。

その言葉が示している通り、実際に家を建てる技術者である職人さんが、住宅メーカーから「下の立場」として扱われています。

もし、すべての職人さんが「こんな扱いをされるくらいなら、家なんて建てないよ」などと仕事を放棄したらどうでしょう。

住宅メーカーは非常に困るはずです。いくら契約をいただけても家が建たないのですから。もしそうなったとしたら、逆に「頼むから家を建ててくれ」と平身低頭することでしょう。

現実には、職人さんが仕事を請け負わないなどということがないために、そんなことにはなりませんが、こんな想像をしてみれば、職人さんの大事さがわかるはずなのです。

「下請け業者」として仕事に携わっていた時、私はたいへん歯がゆい思いでした。

共に家をつくる協力関係にあるはずの住宅メーカーからは、うんざりするような扱いを受ける。

そのことによって、家づくりに対する情熱が損なわれてしまいます。

でも、お客様のことを思えば、しっかり誠実な仕事をするべきです。

このジレンマをさんざん経験したために、私は職人さんを下請け業者などとは言いたくないのです。

職人さんに対する感謝を忘れたら、幸せになれる家は建てられません。だから、私は職人さんに敬意を払い、協力関係にある人として大切にするのです。

お客様の涙で「お金では得られない喜び」を知りました

宮大工の5代目として生まれたことによって、もしかすると私の中には「幸せになれる家づくり」の種がすでにまかれていたのかもしれません。

しかし、それがすぐに芽生えたかというと、そうではありません。

今でこそ「幸せになれる家づくり」は私の確固たる信念ですが、その思いがしっかりと芽生え、成長し始めたのは15年前のことです。

それは、あるお客様との出会いがきっかけです。

「マイホームを建てたいのですが……」と、その方が相談にいらっしゃいました。

頭金やローンのこと、土地のこと、家の設計のこと。家族の一人一人が満足でき、仲良く暮らしていくためには、どんな住まい方が可能なのか。

家をつくる時には、実にさまざまなことを考える必要があります。特に資金繰りのことは重要です。これまで一生懸命働いてコツコツ貯めてきたお金が、ムダになってしまう可能性もあるからです。

相談を受けて、私は「家づくりのプロ」として、「プロができるアドバイス」を行いました。家は人生にも深く関係しますから、生きる意味についてのことにも触れました。

私にとっては、ごく普通の言葉でした。ところが目の前にいるお客様が、ふいに泣き出してしまったのです。私はビックリしてしまいました。あっけにとられる私に、お客様は泣きながら言いました。

「ありがとうございます。相談してみて、本当によかったです。これで思い切って家を建てることができます」

私の驚きは感動へと変わっていきました。この感動とは、言葉にはできない喜びと感謝、そして希望などがないまぜになったものです。

「そんな、こちらこそありがとうございます。こんなに喜んでいただいて、私の方こそうれしいです」

思わずお客様に対する感謝の言葉がほとばしりました。

それまで多くの場合、意識的に「ありがとうございます」と言っていましたが、この時は無意識から、限りなく本能に近いところから発せられたのです。

お客様のおかげで、私ははっきりと気づきました。

この喜びに比べれば、お金はそれほど重要じゃない。

喜びを求める方が、お金を求めるよりも、家づくりはずっと幸せになるのです。

お客様の感謝の涙は、乾いた土にやさしく降り注ぐ春の雨のようでした。それを受けて私の中にあった「幸せになれる家づくり」の種が芽を出したのです。

「お客様の幸せ」は、仕事の基準であり到達点でもあります

そんなことがあってから、私はつくづく考えました。

「お客様の幸せ」のために仕事をするべきだ。それを基準にするべきだ。

「お客様の幸せ」は出発点であり、到達点でなければならない。

何物にも勝る喜びを一度体験してしまうと、また、味わいたいと思うものです。

では、どうすればいいでしょうか。

答えは一つです。何を選ぶにしても、どのような言動をとるにしても、すべてお客様が幸せになるかどうかを基準にすればいいのです。

家は一生に一度の大きな買い物であるだけに、人の人生を大きく変えてしまうことがあ

ります。家を建てて幸せになれるか否かは、家づくりに携わる私たちの側にも関わってきます。私たちには、大きな責任があるのです。

いくら利益を得ることができたからといっても、家を建てたお客様が不幸になっていたら、それは成功と言えるのでしょうか。

数字の上では「成功」と言えるのかもしれません。前年より1件でも2件でも契約を増やし、利益を上げたいと思っているのであれば、数字が伸びることは成功に他なりません。しかし、その数字の陰でお客様が犠牲になっているとしたら、それは本物の成功とは言えません。私はそう考えます。

もちろんお金は大切です。利益を上げて、会社をどんどん大きくしたいという目標を持つことが悪いことだとは言いません。

しかし、お金は生きていくことができる程度にあればいいのだし、利益は適正なものであれば、お客様の幸せを第一にしながらでも得られます。

お客様に、できる限り高品質でお手頃価格の家を提供すること。それがお客様が幸せになり、私自身と、私の家族、そして職人さんが幸せになる方法です。

このように、家づくりに関わるすべての人が幸せになってこそ、本物の「家族が幸せになれる家」が完成するのだと思います。

幸せなお金で家族を食べさせたい

「仕事とプライベートとは別のもの」と、切り離して考える人は少なくありません。しかし、私自身にとっては、両者は非常に密接な関係になっています。なぜなら、私は幸せなお金で家族を養いたいからです。

もっと具体的に言えば、自分の命よりも大切な存在である子どもたちを、幸せなお金で育てたいのです。

「お客様にはかなり無理を言ってしまったけど、とりあえず契約はいただけた」

そんなふうに稼いだお金で子どもたちにご飯を食べさせて、心の底から幸せな気持ちになれるでしょうか。

ちょっと乱暴ですが、飢えるよりはマシだと考えるなら、そこそこ幸せかもしれません。でも、お客様に心から喜んでいただいて、その結果、得たお金で、子どもたちがおいしそうにご飯を食べる様子を想像してみてください。

それはもう、光輝くような幸せな風景です。そんな光景に接していると、たとえ仕事で

1+1+1=∞

へとへとに疲れていても、体の奥底から再び力がわいてくるのです。

お客様が幸せになってくれただけでも、力をもらうことはできます。しかし、それによって得たお金で家族が幸せになると、さらなる力になるというわけです。

職人さんの一人一人にしても、「良い仕事をすることができた。お客様を幸せにすることができた」と心から満足し、それで得たお金で家族を養うことは、何よりの誇りです。

1（お客様の幸せ）＋1（職人さんの幸せ）＋1（家族の幸せ）＝3（私の幸せ）ではなく、1＋1＋1＝∞（無限大）と言えるかもしれません。

無限大の力を得られるからこそ、今日も1年後も、10年先、いえ一生、お客様の幸せのために仕事をしようと思えるのです。

仕事について、自分の子どもに胸を張りたい

世の中にはさまざまな仕事があります。

「お客様に喜んでいただけた時が一番うれしい」

「これからもお客様の幸せのためにがんばりたいと思います」

こんなふうに言う人はたくさんいらっしゃいます。

それは決してウソではないと思います。

ただ、やはり無意識から、本能から、お客様の幸せのために仕事をしているという人は、それほど多いとはいえないのではないでしょうか。

私は24時間、お客様の幸せを考えている、と申し上げました。

多くの人にとって「考える」とは、お客様のことを「意識して思う」ことだと思います。私はどうかといえば、たとえば子どもと一緒に遊んでいる時に、お客様のことを意識したりはしていません。

しかし、もし子どもが「お父さんは、どんなお仕事をしているの？」と問いかけてきたら、即座に「お父さんはお客様を幸せにする仕事をしているんだよ」と答えることができます。なぜなら、無意識に心がお客様へと向いているからです。

子どもの目をまっすぐ見て、胸を張って「お客様の幸せのために」と言うことができるのは、そのためです。

私は常にこうありたいと願っていますし、そのためにできる努力はなんでも続けていきたいと思っています。

心の奥の奥まで、しっかりと染み通るように、何度も何度もすり込んでいく。

「心の筋トレ」は時間もかかるし、言葉で言うほど簡単ではありませんが、続けていくことによって得られる喜びは、はかり知れません。

クリップ一つも書類と一緒に捨てない理由

「心の筋トレ」の難しさは、あまりにも何気ないことに気をつけなければならないことにあります。

普通なら、「まあ、これくらい、やってもいいか」というような、ちょっとしたことについても、その都度正しい選択をしていかなければならないのです。

たとえば、資料についているクリップ。ほんの小さなものですから、資料と一緒に捨ててしまうこともあると思います。

しかし、燃えないゴミであるクリップを、燃えるゴミと一緒に捨ててしまうのは、正しいことではありません。

だから、必ずクリップを外してから資料を捨てるようにするのです。

たかがクリップ一つ、と思うことでしょう。

しかし、その「たかがクリップ一つ」という思いが、心に隙を与えてしまうのです。

その隙がで きたことによって、「誰も見ていないし、燃えないゴミではあるけれど、燃えるゴミと一緒に捨ててしまおう」という「ごまかし」をしてしまったことになるのです。

ウソは次のウソを呼び、ごまかしは取り繕うためのウソを呼びます。

そんな連鎖反応をしてしまう「心」を持っていたら、意識では「お客様の幸せのために」と思っていても、いつか無意識にそれに反する行いをしてしまうかもしれません。

そうなれば必ず「信頼を失う」という結果を招きます。

お客様の幸せのために仕事をすることを、ごく自然のこと、当たり前のことにするために、私は心の中に一点の曇りもないよう努力したいのです。

お客様が幸せになれる家をつくることが、自然体でできるようになること。

これほど強いことはありません。

そこには、ウソもごまかしもない強さがある、とでも言いましょうか。

みなさんも、大金をかけて、ローンまで組んで家を建てようというとき、どんな人なら信頼して任せることができるか考えてみてください。

その場しのぎのごまかしや、ましてウソをつくような人間ではないはずです。

無意識が生んでくれる本物の「自然体」

「自然体」という言葉がよく使われるようになったせいでしょうか、それは何かとてもラクで、簡単なことのように受け止められるかもしれません。

確かに自然体でいるのは、ある一面においてはとてもラクです。当たり前のことをしているだけで、そこに何も無理がないからです。

しかし、その「当たり前」で「無理がない」ことによって、誰かを不快にしたりするようでは意味がありません。

「人に不快感を与えない自然体」「お客様を幸せにできる自然体」というものは、日々の努力の積み重ねによって得られるものなのです。

「心の筋トレ」によって、お客様には見えないところ、97％の無意識の部分を変えていく必要があるのは、そのためです。

近頃、よくあるビジネスマン向けのセミナーで、「この一言が契約につながる」とか「顧客をつかむテクニック」などといったような話がなされています。

すべて意識によってつくられる言葉や行動です。たった3％の部分から発せられるものでしかない以上、テクニックというのは単なる「色づけ」に過ぎません。

色づけというのは「無意識の心」があってこそ力を発揮するものではないでしょうか。

土台となる無意識の部分を「お客様の幸せのために仕事をする」という思いで24時間染めること。そうして、ごく自然体で、お客様の幸せを願う自分につくりあげる。

そのうえで、お客様により喜んでもらえるような話術などを身につければ、それは素晴らしいことだと思います。

もっとも、97％の無意識がお客様の幸せのために染まっていれば、もう何も色づけする必要もなくなります。

これが、私の言う「自然体」です。

自然に「家を建てたい」という人が集まるようになりました

「無意識の部分を変えると強い」のは、お客様の幸せを思う心が、紛れもない真実になるからです。真実ほど揺るぎないものはありません。ただそれだけで、人の心を動かす力を持っていると私は実感しています。

弊社に家をつくってほしいというお客様が自然と集まったのは、家づくりに対する姿勢をこのように変えてからのことです。

宣伝もせず、カタログもなく、売り込みをすることもなかったため、ほぼ100%口コミで集まったと言っていいでしょう。

もっとも、爆発的にお客様が集まり始めるまでには、2年は待たなければなりませんでした。その間というのは、やはり悩みましたし、迷いました。

弟とよく話し合ったものです。

「俺たち、お客様の幸せのためとか言いながらやってるけど、これでホントにいいのかなぁ。なんか間違ってないかなぁ」

今でこそ山梨県内に事務所としての家を2棟構えていますが、最初は自宅の一角にある6畳一間が事務所でした。ちゃんとやっていけるかどうかということは、人並みに心配になるものです。

しかし、「いや、絶対に間違っていないよ」と、弟と確かめ合い励まし合いながら、弊社を訪れてくれるお客様のために、誠心誠意尽くすようにしました。

業績は、上がったり下がったりを繰り返しながらも、徐々に上昇していきました。

「石の上にも3年」と言いますが、3年目からは「軌道に乗った」という実感を持てるようになりました。

訪ねてくれる人は誰もが「〇〇さんから聞いて」とおっしゃいました。

最初は「へえ〜、そうなんですか！」などと、とてもめずらしいことに思われたものです。しかし今では弊社の噂を知らない人に対して、「ええ!? そうなんですか!? じゃあ、いったい何で知ったんですか？」などと驚いてしまうほどになりました。

人は100％「心」で選んでいます

「〇〇さんから教えてもらって来ました」

たいていのお客様は、かつて弊社で家を建てた人や、その関係者の方から紹介されたといって訪れてくれます。なかには「娘の幼稚園の、〇〇ちゃんのお母さんの従姉妹のお友だちが」などという方もいらっしゃいます。

最近では、インターネットで検索して弊社を知ったというお客様も増えてきました。

そうやって私のもとを訪ねてくださるお客様は、３人に１人は泣いてしまわれます。

家を建てるための相談に来た人が、なんで泣くの？ と思うかもしれません。実際、他の住宅会社などでは、決して見られない光景だと思います。

お客様の家づくりに対する思いは、真剣そのものです。そして真剣であればあるほど、私の話を聞くと泣いてしまわれます。

「親が家を建てとけといってお金も出してくれたから、とりあえず建てておくことになって」という人は、さほど真剣ではないために、泣いたりはしません。

お客様の「建てられるかどうかわからないけど、なんとかがんばって家を建てたい」という真剣な思い、その期待と希望、不安に対して、私が心から真剣に幸せになるためのアドバイスをするため、真剣であればあるほど泣いてしまうのです。

こうした心の通うやりとりができるのも、お客様が幸せになれる家づくりを目指しているおかげです。

家を建てるときは、数件の住宅会社や工務店を回って、それぞれ比較するのが当たり前になっています。弊社を訪れたお客様の中にも、すでに他社で見積もりをとられている方もいらっしゃいます。

まだ他社を訪問していないお客様には、私は他社でも相談されることをお勧めします。必ずしも弊社で家を建てることがお客様の幸せにつながるとは限らないし、どこで家を建てるかは最終的にお客様ご自身でご決断いただきたいからです。

このような姿勢でいても、たいていのお客様は戻ってきてくださいます。
「いろんな住宅会社を見て、話も聞いてきたけれど、やっぱり御社にお願いしたいんです」
他社で建てることを勧めたとしても、最終的に弊社を選んでくださる方も少なくありません。人は、非常に重要なことについて、最終的な判断は、「人」によって決めるのではないでしょうか。

自分の命に関わる問題だとしても技術ではなく人の心で選んでいます。

たとえば、もし、あなたがガンになってしまったとします。

何万人もの手術をしてきた有名な名医がいました。やっとその名医の診断を受ける予約が取れ、すがる思いで診断を受けました。その際、名医は「私は何万人もの手術をしているのであなた一人にかけている時間はあまりとれない。とりあえずこの薬でも飲んでおいてください」と、いとも簡単そうな軽い調子で言ったとしましょう。

あなたはショックを受け、仕方なく別の病院を探すことにします。そして、有名ではないけれど、別の病院の先生の診断を受けることにしました。

たいして期待していなかったところ、その先生は「〇〇さんつらいでしょう。でも私があなたのためにすべての力を注ぎます。至らないところもあるかもしれませんが、治療を

人は100%心で選んでいる

心は技術を向上させ、ミスもカバーする

成功させるために、あらゆる手を尽くしていきましょう。不安な時は、夜中でもいいからいつでも携帯に電話をください。一緒に頑張っていきましょう」と言ってくれました。

あなたは、どちらに命を託したいと思いますか。

私なら後者です。そして、多くの人がそうだと思います。

「あの人がやってくれるのだから」

「あの人にやってもらいたい」

人は、最終的な判断は、「人の心」で選ぶのです。これも97%の無意識の力で、人は誰でも相手の無意識の部分を、自分の無意識の部分で、ちゃんと判断しているのです。だから、「なぜか信頼できそうな気がして、小さい会社だったけど、おまかせすることにした」ということが生じるのです。

先にも述べましたが、この内容を、弊社の『心の面接』では職人さんに具体的にポジションチェンジしながら体験してもらいます。医者の先生と患者さんの関係と、職人さんとお客様の関係も同じだということを伝えます。いくらいい仕事をしたつもりでも、お客様を幸せにしたいという心がこもっていなければ意味がないということです。弊社の職人さんたちはこれを心から理解してくれています。

「心」は技術力のレベルも成長させます

心は人の心を動かしますが、職人さんの技術力までも変えてしまいます。

木材をまっすぐに切る際、ある職人さんは10本切ったら8～9本は成功するとします。もう一人の職人さんが成功するのは5本。技術力はこの職人さんの方が下です。しかし、お客様が幸せになれる家づくりをしようという思いは、人一倍強かったとします。

前者の職人さんは、たいてい成功させる技術を持っているので、たまに失敗があったとしても、「まあ、これくらいはいいだろう」と流してしまいます。

しかし、後者の職人さんは、失敗したら成功するまでやり直します。それは自分が2本に1本は失敗してしまうことがわかっていると同時に、それでも最善を尽くしてお客様が幸せになれる家をつくりたいと願っているからです。

だから後者の職人さんは、何度も何度もやり直しをするのです。

すると、ある時点から失敗することが格段に減りだします。そしてついには前者の職人さんをも上回る、パーフェクトな仕事ができるまでに成長してしまうのです。

これは実際にあることです。

まるで童話の『ウサギとカメ』のようですが、「心」の持ち方次第で、その人の能力は思いがけないほど成長します。

だから私は「幸せになれる家」を共につくる仲間である職人さんは、技術力はもちろんですが「心」の部分を最も重要視しているのです。心は技術を超えるのです。私の『心の面接』で、技術の話より心の話が圧倒的に多いという理由はここにあります。

ミスをカバーするのも「心」です

完璧な仕事をする職人さんがいたとしても、人間ですから絶対に失敗しないわけはありません。「心」は、こうした失敗やミスもカバーする力を持っています。

常日頃から一生懸命、真剣に仕事をしてくれている人に対して、あなたは容赦なく怒ることができるでしょうか。

ほとんどの人が、「めったにミスをしないあの人がミスをしてしまったのだから、よほどのことがあったんだろう」とか、「ふだんからきちんとやってくれているんだから、多少のことはかまわない。誰でも失敗はつきものなんだから」などと思うのではないでしょうか。これもやはり、心の無意識の部分を何よりきれいに磨いた結果です。

お客様の幸せを思う心は、ふだんからお客様の無意識に伝わっています。だから、多少のミスでも、余裕をもって許せてしまうのです。

それに、それほど信頼している人であれば、「強く叱ったりしなくても、ちょっと言うだけですぐに直してくれる」ということがわかっているのでしょう。

正直に申し上げれば、弊社でもお叱りを受けることはあるのです。

もちろんクレームゼロを目指しています。でも、クレームがまったくないと言ったら、それこそウソになります。

しかし大事に至らないのは、やはり「心」のおかげなのだと思っています。

単なるクレームが訴訟問題にまで発展することがあると聞くことがありますが、「心」の部分が欠けていたからではないでしょうか。

「心」は目には見えませんが、はかり知れないほどの影響力を持っているのです。

子どもを思う親心をもって、命がけで家を建てます

私の会社で仕事をしてくれる職人さんたちは、誰もが心からお客様の幸せのために、自分の持つ技術を発揮してくれています。

それはもう、命がけで家づくりをしてくれています。

そこまでの職人さんを選ぶのですから、新規で採用する際は特に注意をしています。職人さんたちには必ず「自分の子どもの家を建てる場合と同じ気持ちで仕事をしていますか」と聞きます。するとほぼ100%の職人さんが「はい」と答えます。

ここにウソがあるのです。これを理解していただかないと、命がけでお客様の家づくりをすることはできないのです。

そのことを理解してもらうために、職人さんたちには次のような質問をします。

「今この場所でご自分の横にお子さんが座っていると想像してください。もしも、ここで私がピストルを持ってあなたのお子さんに向けて発砲しようとしたら、あなたはどうしますか？」

すべての人が、命がけで子どもを守ると言います。子どもを自分の命より大切に思う親の心とは、そういうものです。これは無意識から発せられるもので、本能なのです。

しかし、一緒にいたのが他人だったらどうでしょうか。

命がけで守るまではしないはずです。道徳的には言いにくいことですが、自分だけ逃げる人も少なくないでしょう。

でも、お客様とは「他人との出会い」からスタートするのです。

「お客様が幸せになれる家をつくる」といっても、多くの場合は他人、良くても友人に対する心のレベルでそう思っていることでしょう。

「子どもに対するのと同じ気持ちで家をつくっている」という「意識レベル」のきれいごとではなく、「子どもに対するのと同じ気持ちで他人に尽くすことがどんなに難しいか」ということに、まずは気づく必要があります。

それをもう一歩進めて、命をかけてお客様の家をつくってほしいと職人さんたちにお願いするのです。

私たちはボディーガードが仕事ではありません。ですから命を捨ててお客様を守る場面などありません。

しかし、命がけで良い家を、幸せになれる家をつくる義務があるのです。

実際に家を命がけでつくったからといって命を落とすことはありません。だからこそ命をかけてお客様の家をつくってほしい、とお願いするのです。

その家で暮らすお客様にも、お子さんがいらっしゃいます。危機的な状況が訪れたとき、お客様もやはり自分の命にかえても、お子さんを守ろうとします。

家というものは、そんなお客様の思いを受け止めたものでなければなりません。子どもを命がけで守ろうとする人を、幸せにする家にしなければならないのです。

よく言われる安心や安全というのは、生半可な気持ちで得られるものではないはずです。家の安心や安全も、命がけでの家づくりが基本になるのです。

これが当然の心がけとなると、手抜きをしないていねいな仕事など、言うまでもないことになります。そして金額的な安さでもトップ、品質の高さでもトップという家をつくっていかなければいけないのです。

幸いなことに、弊社の職人さん全員がこの気持ちで力を貸してくれています。私の会社がお客様に安くて良い家が提供できるのも、この職人さんたちのおかげなのです。だから、たとえビス１本でもおろそかにせず、精魂込めてお客様の家をつくりあげていくようになるのです。

「ビス1本くらい」の考え方を捨てる

家族が幸せになれる家には、安心に暮らせること、安全であることは、大前提です。

しかし、現在の多くの家づくりが、この大前提がないがしろにされているような気がしてなりません。私はよく職人さんに言うのです。

「ビス1本の打ち忘れがお客様の一生を台無しにしてしまう」

これだけ聞くと、普通の人には何のことかわからないでしょう。

ビス1本の感覚というのは、「ビス（釘）を1本打ち忘れたからといって、家が傾くわけじゃない」ということであり、「だから、打ち忘れたとしたって、後で直せば別にかまわない」と思っている住宅関係者が多いと感じています。

実際に多くの住宅で、ビスの打ち忘れはあります。それが1本だとしても絶対に許してはいけません。問題なのは、そのことを職人さんも現場監督も、そして住宅メーカーも、意に介さないということです。

何かの拍子に、お客様が職人さんがビスを1本打ち忘れてしまったことを知ったとします。職人さんが不用心に「しまった、打ち忘れた」などと口走ってしまうこともあります。

これは私たち作り手の側にしてみればたいしたことではなくても、お客様にしてみれば一大事です。実際に「ビスを1本打ち忘れてしまったということですけど、家が傾いたりすることはないんですか？」という相談を受けたことがあります。

ビスを1本打ち忘れたからといって、家が傾くわけはありません。私たち業者の側にしてみれば、当然の認識です。しかし、お客様からすれば、家が傾くかもしれないと、本気で心配してしまいます。ビス1本の打ち忘れが、お客様の一生を不安にしてしまうのです。

業者とお客様の間には、それほどの意識の開きがあることを、よく理解しておかなければなりません。

お客様の感覚に歩み寄ろうともせずに、「ああ、大丈夫ですよ、これくらい。なんともありません」などと軽く受け流してしまったら、お客様は不安を抱えたままになってしまいます。

できあがった家で暮らしはじめても、「大丈夫かしら」という不安がついてまわります。そして、何か不都合が生じたときには、「やっぱりあのとき、ビスを1本打ち忘れたのが原因なんじゃないか」と思ってしまうのです。

そのため、ビス1本でも忘れてはいけないのです。万が一、忘れがあった時には深刻に受けとめ、現場担当者と徹底的に話し合います。

お客様は、30年、50年という長い年月をその家で暮らすのです。それほど長い期間に、いつでも家に対する不安がつきものだったら、その時点ですでに、「幸せになれる家」ではなくなってしまいます。

修正するためにたとえ工期が伸びてしまうようなことになっても、何十年も不安な気持ちで暮らすよりは、はるかにいいのです。

お客様と職人さんの架け橋となることも大切な仕事

私には、一緒に家づくりをしてくださっている12人の大工さんと、１００人近い協力業者さんたちがおります。その職人さんたちは、まさに誇るべき最高の職人さんたちです。「最高」の太鼓判を押せるのは、技術はもとより、最も大切な「心」を兼ね備えているからです。

しかし、その「心」を生涯持ち続け、なおかつ成長してもらうためには、やりがいや感動が必要です。私にとって、お客様の感謝の涙が「幸せになれる家づくり」を始めるきっかけとなったように、こうした感動の瞬間は、職人さんたちの「心」に火をともし続けることになるのです。

ところがお客様と職人さんが直に接することは、なかなかないのです。ほんの短い時間、顔を合わせる程度では、お互いの思いを伝え合うような深い話はめったにできません。となれば、感動するようなこともなくなってしまいます。

これでは「幸せになれる家づくり」に不安な影が生じてしまいかねません。

そこで私は職人さんにお客様の話を必ずするようにしました。

お客様がどれほど真剣な思いでいらっしゃるか、どんな思いで弊社を選んでくださったか。また、最高の職人さんたちだと聞いて、どれほど心強く思ってくださっているか。

こうしたことを必ず職人さんに話すのです。

すると、職人さんたちが、士気をみるみるうちに上げてくれるのが感じられます。

「そうですか、がんばってつくらせてもらいますよ」

お客様の期待を、話からだけでも感じることができるのは、とても大切なことなのです。

逆に、お客様に対しても職人さんの話をすることが弊社のルールとなっています。

うちの職人さんが、どんな思いで家づくりに向かってくれているか、そのおかげで私の会社が安くていい家を提供できていることを。それを知ることは、お客様にとってさらなる安心となりますし、お客様に安くていい家を提供できるのも、この職人さんたちの協力のおかげだからです。

私は、言わばお客様と職人さんをつなぐ架け橋なのです。これも幸せになれる家づくりのためには欠かせない大切な仕事です。

現場見学会はお客様と職人さんをつなぐ場所

大工さんとか職人さんと聞くと、なんとなく「怖い」というイメージがありませんか？特に弊社のように、「トップの層から選び抜いた、最高の職人集団」などということになると、なおさら「頑固一徹」「厳しい」「近寄りがたい」などと思われてしまいそうです。こうした先入観は、ないに越したことはありません。できれば、お客様には職人さんの本当の姿を見ていただきたいものです。

弊社ではモデルハウスがないために、現場見学会を実施していますが、これが思いがけず、お客様と職人さんとが直接ふれあうことのできる機会になっています。

現場見学会は、まったくの無料で開催しています。

よくある見学会と同じように、お子さんが退屈しないよう、風船を配ったり、庭でポップコーンやわたあめなどをつくったりもします。

風船と、風船をふくらますためのガス器具は、取引先のガス会社から無料で提供していただきます。そして、ポップコーンやわたあめなどの屋台は、職人さんたちにボランティアでお願いしているのです。

ちなみに受付は妻と娘がやってくれています。まったくもってアットホームな見学会ですが、毎回、１００組（３００人）以上の方が訪れてくださいます。

そうして見に来てくださったお客様に、「外で手伝ってくれている人たちが職人さんですよ」と言うと、「え!?　そうなんですか?　なんか、やさしそうですね～」などと、びっくりされたり、感心したりされます。

たったこれだけでお客様の中には職人さんに対する親近感が生まれてきます。

ポップコーンを手渡したお客様が、「家を建てるときは、ぜひよろしくお願いしますね」などと声をかけてくれたら、職人さんもとても喜びます。

現場見学会が、このような相乗効果を生むとは、私自身、思ってもみませんでした。

弊社の職人さんたちは、すべて無償で自分から手伝ってくれているのです。「自分たちが手伝うことで有償の手伝いがいらなくなるから経費がかからない、その分お客様の家を安くしてください……」というのが職人さんたちの思いです。こんな職人さんたちがいる住宅会社は、そうはないと思います。

彼らは、私が１００％信頼している仲間です。

家づくりに欠かせない信頼関係が、このようなふれあいからも生まれてくるのです。

お客様の多くが、完成した家を見学のために提供してくれます

すでに述べたように、現場見学会で見ていただく住宅は、お客様が実際に住むために建てた家です。完成してクリーニングが終わり、あとは引き渡すだけ、という段階になった新築の家を、1～2日ほど見学のために提供していただいているのです。

この見学会は毎回盛況で、平均して100組（300人）以上のお客様に来ていただきます。マイホームを考え始める世代だけに、小さいお子さんを連れていらっしゃることもめずらしくありません。

見学会は子どもにとっては退屈なものですから、屋内を走り回ってしまったりすることもあります。子どもですから仕方がないのですが、そういう時は、申訳ありませんが注意させていただいています。

「この家はこれからお客様がお暮らしになる家で、万が一、傷をつけてしまったりすると、やはりがっかりさせてしまいますから、なんとかお子さんにはおとなしくしてもらえるようにお願いします」

また、夏などで素足でいらした場合にも、靴下をはくようにお願いします。

せっかく見学に来たのに注意されてしまうのは、お客様にとって、やはり不快なことだと思います。

それでも、お客様はご理解くださり、素直に聞き入れてくださいます。そればかりか、ご自身が家を建てられた場合、喜んで現場見学会のために提供してくださるのです。

それは、「できあがった家をきちんとていねいに扱ってくれる」ということを、ちゃんと理解していただけるからです。言いにくいことではありますが、あえて注意をした結果、かえって信頼していただけたのです。

「新たなお客様を得たい、次の契約をいただきたい」とばかり思っていたら、「言わなければ気づかない」と、注意もせずに黙っていたかもしれません。

しかし、長い目で見れば、黙っていたら「次の契約」をいただき続けることにはつながらないはずです。

家族の幸せには三つの条件があります

家族が幸せになれる家づくりをするためには、いかに「心」が大切であるか、おわかりいただけたでしょうか。

しかし、これまでお話したのは、私たち「つくる側」についてのことでした。

でも、それだけでは不十分です。お客様の幸せのためには、「家族が幸せになれる家」にお住まいになる主人公、お客様自身にも、ちょっとした心がけが必要です。

これを私はお客様が幸せになるための三つの条件としています。

第一に、

①いい家を安く建てることです。

家族の幸せには「入れ物」が必要です。

「子どもをのびのび育てたい」

「子どものためにペットを飼いたい」

「ピアノがおける空間がほしい」

「家事が快適になるキッチンにしたい」

「家族が集まったり、お客様を呼んでホームパーティーのできるリビングがほしい」

入れ物である家で、何をすれば幸せになれるでしょうか。そのためには、どんな空間にすればいいでしょうか。

大切なのは、予算内で限りなく理想に近づけていくことです。その予算というのも、余

お客様の心がけ
いい家を安く建てる
家族関係を良好に
家族が健康
ウチはダイジョブね…

裕のある予算であるべきです。

もっとも、いくら低価格でも品質が悪いのは絶対にダメです。幸せになれる根本が崩れてしまいます。つまり、理想に近い良い家を安く建てることです。

これは誰もが望んでいることでもあるはずです。

第二に、

②家族関係が良好であることです。

家族の幸せには、会話をはじめとするさまざまなコミュニケーションがとても大切です。

せっかく家を建てたのに、子どもは自室でばかり過ごし、親子の会話が減ってしまったというのでは、「幸せになれる家」の意味はなくなります。

ふだんから夫婦や親子で会話を楽しむことは、とても大切なことです。

食事にでかけたり、ゲームをして楽しんだりするほか、食事の支度や掃除など家事を一緒にするなど、コミュニケーションをはかるよう心がけたいものです。

きちんとコミュニケーションがとれていれば、家族関係は良好になるはずです。

「幸せになれる家」には、仲の良い家族が暮らしてこそ、「幸せな家」になるのです。

第三は、

③家族が健康であることです。

どんなに仲が良くて、どんなにお金持ちでも、家族の誰かが重い病だったりしたら、やはりそのぶん幸せ度は下がってしまいます。

お父さんやお母さんが病気で倒れたりしたら、子どもたちはどうなるでしょう。

子どもが重い病気にかかってしまうほど、親にとってつらいものはありません。

家族の幸せには、家族の健康が不可欠なのです。

それにはふだんから食事や運動など、生活習慣に対するちょっとした心がけが必要になってきます。

第4章では手前味噌ではありますが、私の健康法についても軽く触れましょう。

家づくりのための「心」に関するお話はこれくらいにして、次章からは「家族が幸せになれる家づくり」のために、具体的にどのようなことが必要なのか、実用的なお話をしていきましょう。

第3章

「家族が幸せになれる家」を建てるために必要なこと

予算、ローンの組み方

豪華な家は不幸になる？「家族が幸せになれる家」の第一はやっぱり価格

マイホームを建てよう！

そう決心したら、あなたはまず何をしますか？

「とにかく土地を見にいかなくちゃ。地面がないと家は建たないんだし」

たぶんこれが9割以上の人の答えでしょう。

しかし、最初にすべきは予算を決めることなのです。

貯蓄や現在の収入などからローンの返済なども割り出して、家の建築にどれくらいのお金を投入できるか、冷静に判断するのです。後で詳しくお話しますが、土地を最初に決めてしまうと、どうしても家にかける資金がふくらんでしまいます。

その結果、たくさん借りなければならなくなり、毎月の返済額もかなりの額になってしまいます。生活をぎりぎりまで切り詰めることが、幸せでしょうか。

ここで少し住んだ後のことを想像してみてください。

ローン支払いのためにお父さんは残業続き。お母さんもパートをかけ持ちで、子どもはいつもひとりぼっち。お母さんが夜もパートに出るので、用意した晩ごはんを電子レンジで温めて子どもだけで食べている……。こんなことになってしまったら、いくら家が豪華でも幸せとはほど遠くなってしまいます。

逆に無理のない金額で建てた家はどうでしょう。無理なローンを組んでいないので夜のパートもなし。そのため毎日毎日家族そろって会話をしながら晩ごはんを食べている。「お母さん、今日ね幼稚園の先生に褒められたよ」「お父さん、今度の日曜日には公園に連れて行って」「ディズニーランドに行きたいなー」などと、楽しい会話をしながらの生活。先ほどの場合とどちらが幸せでしょうか？

ここで絶対に覚えておいてほしいのは、「幸せは豪華な家がつくるのではない」ということです。お金の余裕と時間の余裕、そして家族がそろってはじめてつくることができるのです。

「家族が幸せになれる家」には、ある程度の経済的なゆとりと、時間のゆとりも大切な要素なのです。たとえば、週に一度は家族で外食ができる、月に一度はみんなでレジャーを楽しめる。

それくらいの余力は必ず持つようにしましょう。

理想にしがみついて無理に豪華な家を建てても、家族は幸せになれません。

私に言わせれば「豪華な家は不幸になる」のです。

一生に一度だからこそ無理は禁物

それでも「一生に一度だから」と無理をしてしまう人が後を絶ちません。

「もっと年を取ってしまったら、無理などできない」などと、今だから無理できると言わんばかりです。しかし、年齢にかかわりなく、多くの人にとって家は一生に一棟、一生に一度の大きな買い物です。車の購入であれば多少無理をしても、死活問題までには発展しないかもしれませんが、家となると別です。

たった一度、無理して建てた一棟の家が死活問題になってしまう、その可能性は大いにあるのです。一生に一度だから無理をするのではなく、一生に一度だから絶対に無理をしてはいけないのです。無理をすれば一生不幸になってしまうからです。

絶対に無理は禁物です。家を建てることがゴールではなく、家を建ててからがスタートなのです。

「安くていい家」は建てられる!

多くの人が予算をかければ、いい家になると思っているようです。

しかし、これも間違いです。ほとんどの住宅メーカーは、カタログや宣伝費、中間業者に対するマージンなど、実際に家づくりにかかる経費以外のところで、かなりの経費をかけています。それを支払っているのは、契約して、家を建てるお客様です。家を建てない多くの人の分の経費まで支払っているのです。

こうした経費をすべて削減すれば、安くていい家を建てることが可能になります。

ちなみに弊社は「山梨県で一番安くていい家を建てている会社」と呼ばれています。経費の削減もさることながら、職人さんなど関係業者さんに対する支払いも、山梨県で最も安いのです。50人に1人の難関をくぐり抜けて弊社の仲間に入ってくださった職人さんが、相当安い額で仕事をしてくださっているわけです。

このようなことが可能になるのも、お客様を幸せにしたいと心から思ってくれているからです。「お金では得られない喜び」を、職人さんが心から理解してくださっているからです。

こうした関係業者さんの協力もあって、弊社は山梨県でナンバーワンの安くていい家を建てる会社になることができたのです。

返済率50%!? ローンの正しい決め方

今の年収でどれくらいのローンが組めるのか、現在はすぐに数字が割り出せるようになりました。

返済率＝年間ローン返済額÷税込み収入

これが割り出す際の公式です。

これで割り出すと、金融機関によって多少の差があるにせよ、おおむね年収３００〜４００万円未満なら返済率は30%以下、年収４００〜７００万円未満で35%以下、といったところになります。

しかし、この「年収」というのがくせものです。これには所得税・住民税・社会保険・交通費・厚生年金などが含まれています。つまり、手取りの収入金額ではないのです。

この公式で出る数値を実際の手取りで考えると、返済率はなんと50%を超えてしまうこともあります。つまり、手取り収入の半分以上をローンの返済にもっていかれてしまうということです。これでは生活にゆとりができるわけがありません。

返済率からローンの額を決めるのであれば、年収の20%以下が理想的です。20%を超えてしまうと、生活はかなり苦しくなると考えて差し支えありません。

ローンは、「借りられる金額」ではなく「返せる金額」と知っておこう

月々の返済額を、今の生活から考えて決めるのも良い手段です。

月7万円の家賃を払っていて、貯蓄に毎月2万円を回しているとします。その生活が「幸せ」で「ゆとりがある」と感じているのなら、住宅ローンの返済は7万円が適しています。最高でも貯蓄に回すお金をあわせた9万円までです。

しかし、その生活が節約続きでたいへんだと感じているのであれば、住宅ローンは7万円以下におさえるべきです。

お子さんが成長するにしたがい、学費や食費なども増えてきます。将来にかかる生活費も、ある程度見込んでおかなければなりません。

さまざまなことを考慮して、返済額は余裕を持って決めるようにしてください。

「あなたは破産します」と言われているのに「ありがとうございます」！

住宅会社にせよ銀行など金融機関にせよ、ローンを組む際にはぎりぎりいっぱいまで借りられる金額を提示してきます。住宅会社はできるだけ高い家を売りたいと思っていますし、金融機関はお金を貸して利子を取ることを仕事としているからです。

もしお客様が予算を決める前に、住宅会社で「ほしい家」の目星を付けていたとします。資金計画をせず家を見ていけば、豪華な住宅に目がいくのは当然です。

そこにきて、住宅会社の営業マンに「なんとかがんばって、これだけローンを通しました」などと言われたら、お客様としては「やったぁ、あの家が手に入るんだ！」と喜びます。「本当ですか？　どうもありがとうございます！」

お客様は感謝でいっぱいです。

しかし、そうやって組んだぎりぎりのローンのせいで、わずか2ヶ月で支払いができなくなってしまったという例もあります。もちろん、家は手放さざるを得ませんでした。お客様の手元に残ったのは、多額の借金だけです。

「なんとかローンを通しました」という営業マンの言葉は、「あなたは破産しますよ」と言っ

なんとかローンを
通しました！
ありがとう！
＝あなたは
破産しますよ
BANK
MY HOME

ているのと同じです。

それがわかっていたら、お客様は「ありがとうございます！」などと言ったでしょうか。

資金計画の際にはくれぐれも気をつけていただきたいことです。

貸したお金が返ってこなくても銀行は困らない

それにしても、返せなくなってしまうかもしれない、ひどい場合は破産してしまうかもしれないお客様に対して、なぜ金融機関も住宅会社もローンを斡旋するのでしょう。

貸したお金が返ってこなくなるかもしれないという心配は、ないのでしょうか？

実は、ないのです。無理なローンを押しつけたところで、住宅会社も金融機関も、損はしない仕組みになっているのです。

住宅会社は家の引き渡しの際に、建築にかかった費用の全額をお客様より支払ってもらいます。後でローンの返済が滞ったとしても、何の影響も出てきません。

金融機関のほうは、保証会社からお金をもらうので、同様に損をすることはありません。

つまり、ローンの返済ができなくなってしまった時に困るのは、お客様だけというわけです。

ローンが返済できないとなれば、自己破産に追い込まれ、家族もバラバラになってしまいかねません。私はNPO法人住宅法律相談室の理事として、住宅に関する相談活動を行っているのですが、「ローンが払えない」という方は実に多いのです。

家で失敗した方の9割が、資金のつまづきです。

家を建てて、幸せになれるはずだったご家族が不幸のどん底にいるのです。

こうなってしまってからでは、せいぜい相談に乗ってあげることしかできません。その状況から救い出してあげることは、できないのです。

この先、そのような人が一人でも少なくなるように、くれぐれもお金のことは第一に考えていただきたいと思います。

そのためにも、固定金利と変動金利の違いについて、よく理解しておきましょう。

固定金利はローンの返済額がずっと同じで、変動金利はその時の金利によって変動するというものです。

現在は、ゼロ金利と言われていることもあり、変動金利のほうが得であるように言われています。しかし、私は賛成できません。変動金利は金利が上がると返済期間が延びてしまうため、お客様の負担になるからです。

多くの業者が変動金利を勧めるのは、金利が安い時期ならではの現象と言えます。なぜなら、金利が低いゆえにローンの負担が軽いと錯覚させることができるからです。これは売り手側にとって有利なローンと言えるでしょう。

無理のないローンとして、現時点では固定金利の「フラット35」という商品をお勧めします。

あとで述べますが、どのローンを選べばいいのかという問題は、「良い業者選び」の判断基準として使えます。変動金利を選ぶ業者なら、お客様よりも自分たちの儲けを大事にしていると言っていいでしょう。

金額を先に決めると、不思議と「高い家」が悪く見えてくる

家族が幸せになれる家を建てるために必要な予算はどれくらいか？

この点がはっきりすると、自分たち家族にとっての「等身大の家」が見えるようになってきます。

たとえば、1500万円、2500万円、3000万円の家があるとします。金額を決めずにこれらを見比べた場合、お客様は「やっぱり高いのはいいよね」と3000万円の

家がいい家だと言われます。

しかし最初に、「幸せになれる家」に必要な予算がわかると、見方が変わります。

幸せになれる予算は2500万円。これを1万円でも越えたら不幸になってしまうという資金計画が出ていたとします。2500万円のうち建物にかけられる費用は1700万円。残りの800万円で、土地とその他雑費を支払うことになります。

ここまではっきりわかると、1500万円の家が不思議と「良い家」に変わってしまいます。「ここまでできて、しかも200万円もおつりがくる」というわけです。

最初は良いと思っていた2500万円の家は、「こんな家、とてもじゃないけど建てられない」に変わります。

そして「一番良い」と思っていた3000万円の家に至っては、「こんなの高すぎる」と、まったく魅力のない、かえって自分たちにとっては「悪い家」になってしまうのです。

不思議に思われるかもしれませんが、このように金額的な基準を先に決めることで、結果はまったく逆になるのです。

金額が決まったら、土地探し？　いいえ、住宅会社を決めます

家を建てるとなると、10人いれば10人の人が「まず土地だ」と不動産屋さんに行きます。「土地がなければ家のプランも立てようがない」と思うからです。

しかし、土地がなくても家のプランは立てられるのです。

家族が幸せになる家づくりは、次の順番を守ることが大切です。

①資金計画（土地＋建物＋その他諸費用）

②住宅会社を選び、建築プランを考える

③土地選び・土地購入

誰もが最初にすべきだと思っている土地選びは、一番最後でいいのです。

なぜなら、資金と家の間取りが決まっていると、それが指標となるからです。もっとわかりやすく言えば、建築家がすでについているため、良い土地かどうかを見分け、判断してくれるのです。

不動産屋さんは土地を良く見せて売るプロ。それに対して、住宅のプロである建築家は良い土地を見極めるプロです。不動産屋さんは土地を売ったらそれで仕事は一件落着ですが、住宅のプロはそうはいきません。うっかり水はけの悪い土地に家を建てて問題が生じたりしたら、お客様ばかりでなく自分たちにも損害が出てしまいます。ですから、土地を見極めるのも真剣になります。

地盤はどうか、排水は下水か浄化槽か、今は日当たりがいいけれど前に家が建ったらどうなるか、もちろん土地の水はけの問題……など、不動産屋さんが隠しておきたいところをつぶさに確認するのです。土地選びに失敗しないためには、ぜひ資金と建築プランを先にしておくようにしてください。

住宅会社の見分け方

住宅会社をどこにするか――。

「家族が幸せになれる家づくり」を任せるのですから、とても重要な問題です。第一ステップの「資金」をうまくクリアしたとしても、住宅会社選びに失敗してしまったら、「幸せになれる家」の実現は立ち消えとなってしまいます。

住宅会社は、よく見極める必要があります。

そのためには次のことを確認するようにしてください。

●メリットではなくデメリットから説明してくれるか。

先にも述べましたが、お客様が幸せになることよりも、売り上げを大事にしている住宅会社は、メリットばかりを話します。デメリットを話すことがあったとしても、メリットを先に話してお客様を安心させてから、ほんの付け足しのように「たまにこういうこともありますが……」などと言うのです。

これは商品を良く見せて、なんとか売り込もうとしているためにほかなりません。

●年収の20％以内の返済率で話を進めてくれるか。

家を建てることは最終目的ではありません。そこで家族がゆとりある生活ができてこそ、「幸せになれる家づくり」が完成します。一般的にはローンは年収の25％、中には35％などと言われていますが、これではぎりぎりの生活になってしまいます。経済的なゆとりを生むためには、年収の20％の返済率がお勧めです。それを考慮してくれないのであれば、お客様に無理をさせても平気な会社ということになります。

●変動金利を勧めてくるなら要注意。

ゼロ金利と言われる現在では、変動金利はたいへんお得な、とっつきやすいローンに見受けられます。つまり、会社にとっては「お得だと錯覚させやすい」ため、売りやすい商品なのです。しかし金利が上昇した時は返済期間も延びてしまうため、お客様には大きな負担となります。

それに対して固定金利は、お得感はないものの、決まった額を決まった年数で返済していくので、資金計画が立てやすいのです。先にも述べましたが、私は「フラット35」の固定金利をお勧めしています。

変動金利を勧めるような住宅会社は、私としては考えものだと思います。

その他にも、次のようなことを住宅会社選びの判断基準にしておくといいでしょう。

知っておきたい「値引き」のカラクリ

「そうですねぇ、まあ、ちょっとだけですけど、お勉強して、この金額までなら値引きできます」

家を建てようとして住宅会社に相談に行かれた経験のある人は、こんなやりとりをしたかもしれません。今では値引きが当たり前になっているからです。

しかし、すでに述べたように値引きというのは、おかしな話なのです。値引きの裏側には、本当に怖いカラクリが隠れているのです。

①最初から金額を割り増して提示している

適正価格に、最初から数百万円というような大金を上乗せした価格で提示しているのです。そしてお客様によって、どれだけ値引きするかを変えます。つまり、割引きしてほしいと強く出るAというお客様に対しては多く値引きをして、そうでないBというお客様には少ない値引きで済ませるということです。人によって金額を変えて販売しているのです。もしあなたがBのお客様だったらどう思うでしょうか?

②破産寸前の会社

利益がなくなってしまうのをわかっていて値引きしている場合もあります。それは、破産寸前の会社で、とにかく目先の費用を調達するために、無理な値引きをしている状態です。しかし、家というのは建てた後のメンテナンスも重要で、仕上がってからが住宅会社との長いつき合いになります。

破産して倒産してしまったら、メンテナンスの依頼もできません。マイホームに住んだ後の50年60年間、不具合があるたびに困ってしまうことになります。

③手抜き工事をする

適正利益しかいただいていないのに、値引きをしても利益を出せる方法。それは手抜き工事です。値引きした分、見えないところで手抜き工事をすることも、めずらしくありません。必要な金物をつけていない。断熱材が入っていない。必要な強度の木材が使われていない……など、誰もこんな家には住みたくないはずです。

どのケースにしても、一生に一度の買い物をしようというお客様の心を、著しく裏切る行為だと思います。「値引き」をうたい文句にしていたら、危険信号を発していると思って間違いないでしょう。

ホントは怖い「キャンペーン」と「仮契約」と「手付け金」の話

「今、キャンペーン中なので、限定5棟にエアコン5台と液晶テレビ、総額100万円相当が無料でおつけできますよ。ですが、すでに3棟の申し込みをいただいております。先ほどのお客様も申し込みたいと言っておられますので残りはあと1棟です。100万円相当が無料でおつけできるのでお申し込みしておいた方がよいと思いますよ。手付け金100万円をお預かりしますが、仮契約だけなのでいつでも解約できますので心配はいらないし、何のリスクもありませんよ。お申し込みだけしておきますか?」

住宅会社でこんなふうに誘われれば、「まあ、いつでも解約できるんだったら仮契約をしておこう……」と思うものでしょう。

これで手付け金を払って仮契約をしてしまう人も、けっこう多いのです。「仮」なのだから、いつだってキャンセルできる、と思うのでしょう。実際その通りですし、営業マンも「仮契約なので気が変わったらいつでも連絡してください」と言うことでしょう。

確かに営業マンの言葉は、何も間違っていません。

しかし仮契約をキャンセルした場合、仮契約の際に支払った手付け金は、戻ってはきません。いつでも解約できる反面、手付け金没収のうえで解約することになるのです。100万円という大金が、仮契約をしたばかりに失われてしまうのです。

これは案外知られていない事実です。

「キャンペーン」「仮契約」「手付け金」という言葉にはくれぐれも気をつけるようにしてください。まさに甘い言葉には裏がある、ということです。

法律は、罪にならない最低ライン。人道的な判断が本来は正しい

多くの人は、「手付け金」が戻ってこないなんておかしいと思うことでしょう。もちろん私もそう思います。しかし、これは法律上では罪にならないのです。法律では、仮契約だろうと本契約だろうと「契約」には変わりなく、その際に支払われた「手付け金」は払い戻しする義務はないとされています。

支払われた手付け金は、そのまま住宅会社の利益になります。仮契約だけであげた利益というわけです。

こうした行為が法律で守られている以上、裁判をしたところで勝てる見込みはありません。弁護士費用など余計なお金がかかってしまうだけです。そのためお客様は泣き寝入りするしかなくなってしまいます。

法律というのはトラブル発生の際、それを解決するための最低ラインであるということを、ぜひ憶えておいていただきたいと思います。

法の道の上には「人の道」というものがあります。

「人の道」とは、簡単に言えば「道徳」のことです。困っている人を助けなければいけな

いという法律はないけれど、道徳的に考えれば助けるのが正しいでしょう。

人道的な判断をするならば、手付け金はお返しするのが本来なのです。それがなされないのは本当に残念なことです。

商品の説明が先か、「心配はないですか」の質問が先か？

住宅会社に入ったとき、担当についた営業マンが最初にどのような対応をしたか。これも良い住宅会社かどうかを見極めるポイントになります。

「こんにちは、わたくし○○が担当させていただきます。さっそくですが、弊社の商品の特徴についてですが……」

こんなふうに、商品の説明から入った場合、その住宅会社はやめたほうがいいでしょう。お客様がどんな思いで訪れてくださったのか、お客様にとって家を建てるというのはどういうことなのか。どんな家にしたいのか、予算はどれくらいか。こうしたことを心の底から理解したいと思っていたら、いきなり商品説明などできるわけがありません。

「マイホームを建てられるにあたって、何かご心配なことはないですか?」

このようにお客様の状況を気遣う質問をしてきた場合は、良い住宅会社である可能性は大きいでしょう。

しかし、すぐそのあとで、「ああ、そんな心配なら大丈夫ですよ。弊社の商品なら……」などと商品説明になったら、やはりボツです。

最初はお客様の思いを知るために、徹底して聞く方に回る、さまざまな質問をしてくるのが良い住宅会社です。

「どのような家がお望みですか？」

「資金に対するご不安などはありませんか？」

「弊社へいらしてくださったきっかけは何ですか？」

お客様の幸せを基準にしていれば、質問はいくらでも出てくるはずなのです。

会社の理念を聞いてみよう

良い住宅会社かどうかを見極めるには、会社の理念も役に立ちます。その住宅会社が目指しているものは何なのか、どういう考え方を基準にして家づくりをしているのか。

お客様にすれば、顧客の満足を第一に考えているような会社が良いと思うのが当然です。

「弊社の理念は、お客様の幸せのために家づくりをするということです。お客様を家づくりで幸せにすることです。お客様が一生安心して住めるように心を込めてていねいに仕事をしています。具体的には……」このような答えが返ってきたら、まず安心です。

しかし、「当社の建物は高断熱仕様になっていまして、24時間空調設備が……」とか、「オール電化がいいですよ。光熱費が安くなりますし……」など、商品の宣伝や売り込み、会社寄りの考え方を提示してくる場合は注意してください。

表面的には「お客様は神様です」というような対応であったとしても、それはその会社を儲けさせてくれる神様として大切にしているだけです。

会社の理念は、お客様に喜んでいただきたい、というだけではなく、お客様がご家族と一緒に幸せに暮らせるように、というところまで及んでいるべきでしょう。

他の社員や現場の人は、会社の理念を知っていますか?

会社の理念は、窓口となった担当者以外の人にも、必ず聞いてみてください。

担当者が書類の準備など何か用事で席を外した際に、周辺にいる社員にそれとなく尋ねてみるのもいいでしょう。

その住宅会社が手がけている建築中の物件を見に行って、現場にいる職人さんや現場監督などにも聞くことができれば、パーフェクトです。

窓口の仕事をしている営業マンはふだんからお客様と接しているため、「会社の理念は何ですか」と質問されれば、それなりにきちんと答えることは可能でしょう。そのため、それが真意なのか、それともあくまで言葉の上でのことなのか、判断しにくくなります。

しかし、日ごろお客様と接していない経理や事務などに携わっている社員は、何を質問されても答えられるように教育された営業マンと違って、つい本音の部分が出てきたりします。現場となればなおさらです。

窓口の営業マンは「お客様を幸せにするのが弊社の理念です」と言っていたけれど、経理の人は「ええと、確か……」などと口ごもってしまった。現場の大工さんに至っては、「さあて、何だろうねえ、知らないねえ。俺たちは下請けで直接会社に勤めている人間とは違うから」などと言っている……。

これでは「幸せになれる家づくり」は、とてもではありませんが任せることはできません。「幸せになれる家」は営業や技術者はもちろん、家づくりに関わるすべての人が「お客様の幸せのために家をつくる」という目的に向かって一丸となっていなければならないからです。

住宅会社には「心の話」で質問してみましょう

理念のほかにも、いろいろ質問してみるのは非常によいことです。

その際のキーワードは「心の話」です。

たいていのお客様は、「この予算内でできるだけ良い天然素材を使いたいのですが、何がありますか」「耐震性を高めるためにどんな工夫がありますか」など、家に関する質問をしてしまいます。これでは営業マンを喜ばせるために質問しているようなものです。そうした話をすることこそ得意にしているわけですから。

お客様の質問に熱心に答えてくれる姿を見ていると、だんだんとその気になってきてしまい、最後には「信頼できそうな気がする」とまで思ってしまうかもしれません。

これでは判断を間違ってしまう危険性があります。

「心の話」で質問していただきたいのは、そのためです。

「やりがいを感じるのはどんな時ですか?」

「今までで一番うれしかったのは?」

「お仕事、楽しいですか?」

こうした話題が、「心の話」の質問です。

「なんと言ってもお客様に喜んでいただけた時がうれしいです」

「大変なこともありますけど、やっぱり楽しいですね」

こんな答えが返ってきたら、スタートラインです。それも、担当者だけでなく、その周囲にいる人や現場の職人さんも同じように答えれば、第一関門突破です。

この後に、「どんな時にお客様に喜んでもらえましたか?」「どんなことが大変ですか?楽しいのはどんな時ですか?」などと具体的に聞いて、すぐに答えられれば安心です。かなり合格ラインに近いでしょう。

その答え、2秒以内に返ってきましたか?

ただ、人間というのは相手が感心するようなことを、意識して言うことができます。先にも述べたように、まさに「意識はその場をつくるもの」だからです。

ですから、「お客様に喜んでいただけた時が何よりうれしい」という言葉は、お客様を喜ばせよう、安心させようという意識から言っているのかもしれません。

その言葉が、無意識から出たものか、意識によってつくられたものか判断するのは、案外簡単です。質問に対する答えが、２秒以内に返ってきたかどうかが分かれ目です。

たとえ仕事中ではなくても、24時間、無意識のレベルでお客様の幸せを思っていると、「どんな時がうれしいですか」などと問われたら、即座に「お客様に喜んでいただいた時」と、口をついて出てきます。では、「どんな時に喜んでいただけましたか?」と聞きます。２秒以内に具体的に答えることができたら合格です。

考えるまでもなく、意識するまでもなく、いつでもそのことに心が向いていますから、間があくわけがないのです。

心の話の質問をした時は、心の中で１、２、と数えてみてください。

一瞬の間を感じたら、相手は意識で答えを探していると判断することができます。

そうなれば、たとえ「お客様の幸せのため」と言われても、それは契約をいただくための言葉と言うべきでしょう。

住宅会社は「技術」よりも「心」で選ぶのが正解です

心の話で質問をしてみると、住宅会社の姿勢がだいぶわかってくると思います。

この会社に任せて良いのかどうか、あらためて自分自身に問いかけてみましょう。

仮に、「いいな」と思った住宅会社が二つあったとします。

Aの住宅会社は非常に親切で、営業マンから周囲の社員まで、誰もが生き生きと仕事をしている。資金のことから家に対するこだわりまで、どんなことでも熱心に聞いて、こちらの希望をどうしたら叶えられるか考えてくれる。そのかわり、技術については普通よりも上という程度。

Bの住宅会社は、なんといっても職人さんの技術力が高い。家づくりに対するプロ意識も強くて、こだわりの一軒を実現してくれそうな気がする。しかし、とことん相談に乗ってくれるというよりは、「まかせてくれれば完璧な家をつくりますよ」というタイプ。

どちらかに決めなければなりませんが、あなたならどうしますか?

平たく言ってしまえば、「心」で選ぶか「技術」で選ぶか、ということです。

私は技術者の一人として、そして、卓越した技術を持つ職人さんたちを仲間に持っている者として、「心」で選ぶことをお勧めします。

技術がどれほど素晴らしかったとしても、「お客様の幸せ」を基準にしている「心」には絶対に勝てません。心が職人さんの技術までをも向上させてしまうという話をしましたが、それほど「心」には想像を超えるほどの力があるのです。

Ａ社の技術がＢ社に劣っていたとしても、「お客様の幸せ」に向かって家づくりをしているのであれば、細部に至るまでおろそかにはしないでしょう。まずいところがあれば職人さんは何度でも直すはずです。自分のもてる最高の力を尽くそうと必死に家をつくることでしょう。

その結果、思いがけないほど素晴らしい家ができるのです。

そもそも「自分たちの技術は世界一だ」と高をくくっていたら、ミスが生じても「これくらいは問題ない」と、そのままにしてしまうかもしれません。

家づくりは「心」でするものです。基本的な技術力は当たり前、あとは「心」次第です。幸せになれる家を託す住宅会社は、ぜひ「心」で選ぶようにしてください。

家づくりのプラン、間取り、内装、外装

新しい家でやってみたいことを自由に書き出してみましょう

いい家を建てるには順番があります。

いい家と感じるためには、豪華な商品をつけることではなく、不便なところを改善する

ことです。たとえば「今の家は収納場所が少なくて困っている」などということはありませんか？

つまり、すべて具体的な生活から考えていくのです。

私は「住宅のプロ」として誰にも負けないつもりですが、お客様に勝てないものがあります。それは、その人それぞれの「生活」です。

生活については、そこに住まわれるご家族にしかわかりません。その部分をお伝えしてから、どんなところを改善したいかを考えていただきます。

その際にお勧めしているのが、不便なところだけを意識して、1週間生活してみることです。1週間が生活のワンサイクルであるため、不便を感じていることが具体的に発見できるのです。それをノートに書いておきます。

「キッチンに収納がないのでいつも散らかっている」「玄関が狭く収納がないので靴が散乱している」「ご主人様の喫煙場所がなく、寒い冬でも外に出て喫煙している」などといったことが、次第にわかってくることでしょう。

「マイホームを建てよう！」と決心しても、「どんな間取りにするか？ 広さはどれくらいがいいか」という具体的なことまでは、案外、思いが及んでいないものです。

住宅会社を決めたら、担当の方と一緒に、じっくりと「幸せになれる家」の青写真を描いていきましょう。

その時、1階の間取りはどうしようか、2階には何部屋？　などと最初から考える必要はありません。それはプロに任せていい部分です。

それより、今、生活で不便を感じている部分を伝えるようにしましょう。

先ほど述べたように、いい家を建てるには順番があります。ぜいたく品を入れたりするのではなく、不便なところを改善することです。

実際に住んでから「いい家だ」と感じるためには、豪華であることよりも、不便が改善されたということが重要だからです。

たとえば、「今の家ではトイレが一つしかなく朝のトイレが混み合って困っている」「奥様が買ってこられた料理の食材を入れる収納がなく、いつも散らかってしまっている」というご家族がいたとします。

そのご家族が建てた新しい家もトイレが一つのままで、キッチンに収納もないままで、ただ豪華なだけだったとします。

これをいい家と感じるでしょうか？　感じないはずです。

豪華さより、不便さの改善を優先！

↓

不便なところを意識して
1週間生活してみる

↓

不便を感じている部分をプロに伝える

↓

そのうえで予算的に余裕があれば
希望や理想の生活のイメージを加える

それより、標準品であってもトイレが二つあって混み合うこともない。また、奥様が料理の食材を買ってくると、それをしまう収納がキッチンの横にちゃんとついているので片づいている。

どちらがいい家と感じるでしょうか？　明らかに後者です。

不便な点を改善した後で、まだ予算的に余裕がある場合は、希望や理想の生活をイメージした項目を考えます。

「骨董品を飾るスペースがほしい」「小さくてもいいから書斎がほしい」「子どもと鬼ごっこができるくらいのリビングが夢」「いつかグランドピアノを置きたい」など、新しい家でやってみたいこと、ほしいスペースを、思いついたまま担当者に伝えましょう。

もし自分の求めているものが今ひとつ浮かんでこなかったり、多すぎて伝え忘れそうだと思うなら、事前に書き出しておくといいでしょう。

ノートなどに自由にやりたいことを綴っていくと、それまでぼんやりとしていた「幸せになれる家」のイメージが、徐々にはっきりしてきます。

また、気に入った写真を雑誌などから切り抜いて集めておくのもいい方法です。

外観や室内だけでなく、暮らしぶりを表現したものでもいいでしょう。

こうした切り抜きは、住宅会社の担当者にとっても役立ちます。お客様が何を求めているのか、より具体的にわかるからです。

家族が幸せにすごす様子を具体的にイメージできますか?

新しい家で、家族はどんなふうに暮らすと幸せになれるのか。

「家族が幸せになれる家」のプランニングをするうえで、これはとても重要なことです。やりたいことなどがわかってきたら、今度はもう一歩進めて、より具体的にしてみましょう。それには、「どの部屋」で「何をしたいか」「何がほしいか」をまとめていくと、自分でもわかりやすくなりますし、担当者に伝えやすくなります。

各部屋での「やりたいこと、ほしいもの」を、次の要領で箇条書きにしてみましょう。

○リビング・ダイニング

例:ファミリーコンサートやホームパーティーをしたい
　大きなダイニングテーブルと大画面テレビを置きたい

○ベッドルーム

例:キングサイズのベッドを置きたい

ウォークインクローゼットがほしい

○子ども部屋

例：お気に入りの本やおもちゃをたくさん置ける場所がほしい

お友だちを気軽に呼べる雰囲気にしたい

○キッチン

例：日当たりの良いキッチンがほしい

10人分の食器が入る食洗機を設置したい

○トイレやバスルームなどサニタリー

例：足を伸ばしてつかれるジェットバス付きのバスタブがほしい

化粧室代わりにもなる脱衣所がほしい

トイレは2箇所は確保したい

○庭

例：バーベキュースペースがほしい

野菜づくりをしたい

○ベランダ

例：天体望遠鏡で星の観察をしたい

○その他

例：書庫がほしい

お客様や両親のためのゲストルームがほしい

雨でも洗濯物を干す場所のあるランドリーがほしい

レジャー用品を収納できる物置がほしい

こうしてチェックリストをつくっていくと、それぞれの部屋で幸せそうにすごす家族の様子が目に浮かんできませんか？

大切な物、捨てられない物は何ですか？

スペースをまったく気にせずにすめばいいのですが、残念ながらそうもいきません。家具や趣味のものなど何でも詰め込んでしまったら、せっかく広かったリビングが「物だらけ」になってしまいかねません。

新居ができたら何を持って行けばいいのか、一度、持ち物の整理をしておきましょう。

まず、どうしても捨てられない大切な物、生活必需品、新居でも使いたいと思っている家具をピックアップしてみます。たとえば、

○生活必需品：布団、衣類、食器、靴、調理器具……

○家具：ダイニングテーブル、ソファ、ピアノ、学習机、ベッド、テレビ……

○大切な物：コレクション（鉄道模型、骨董品など）、アルバム、子どもの成長記録……

すべてを書き出していくと、けっこうな数になるはずです。

どうしても大切なものや生活必需品以外のもので、処分できるものがないか確認してみましょう。新居に持って行くものがどれくらいあるか、だいたい見当がつくと、どんな収納が必要か、どれくらいの収納力があればいいか、ということがわかってきます。

「苦手なこと・好きなこと」を把握しておくのも大切です

これは特に奥様に確認していただきたいことです。なぜなら、掃除をしたり食事をつくったり、家事のほとんどは奥様がなさっている場合がほとんどだからです。

もしご主人も積極的に家事に関わっているようでしたら、一緒に考えてみてください。

たくさんの家事の中で、好きなものと苦手なものを把握しておくのです。たとえば、

○好きなこと：料理づくり、お菓子づくり、アイロンがけ、庭の手入れ
○苦手なこと：掃除（お風呂場は特に）、食器洗い、ぞうきんがけ、整理整頓、家計簿つけ

家事が大好きという人もいるかもしれませんが、多くの人にとっては、できれば簡単にすませたいはずです。せっかく「幸せになれる家」を建てるのですから、家事がラクになるようにしましょう。

苦手なことと好きなことを把握しておくのは、そのためにも必要なのです。

たとえば、掃除が簡単になるようなバスルームにしてみたり、食後の後片づけは食洗機にまかせてしまいましょう。収納の工夫で散らかりにくくなれば、整理整頓や掃除の回数を減らすことができます。

また、家事の動線を工夫することでも家事はラクになります。たとえばキッチンの隣に洗濯機を置いておくと、料理をしながらでも洗濯ができます。アイロン台とアイロンをセットにして収納できるスペースをとっておけば、すぐにアイロンがけができます。玄関の脇に外から使える物入れをつくると、アウトドア用品やタイヤなど外で使うものを収納できます。玄関の中に持ち込むことがないので、きれいな玄関を保てるようになります。

家族が顔を合わせる機会が多い間取りにしましょう

家事もラクで暮らしやすい家。でも、これだけでは、まだ物足りません。そこで暮らす家族が、今までよりもっと絆を深めることができるような、そんな工夫が必要です。

なぜなら、家族が仲良く幸せに暮らしてこそ、「家族が幸せになれる家」は完成するからです。そこで、お勧めしたいのが、随所に家族が顔を合わせる工夫をすることです。

たとえば「対面キッチン」です。

お母さんがお料理をしたり片づけをしている時でも、リビングにいる家族と話ができます。お子さんが宿題をするのを見ながら夕食の支度をするのは、お母さんにとってもお子さんにとっても良いことです。

お母さんの前で勉強すれば、子どもは安心なうえ、ちょっとした声かけでやる気も出てきます。お母さんにしてみれば、「子どもが宿題を忘れるのを注意できなかった」などということがなくなります。

「リビング階段」というのもお勧めです。

心理学上、人と人との関係は時間よりも回数でつながります。1時間を1回過ごした人

お母さんとお子さんが会話できる「対面キッチン」

家族の絆が深まるのに役立つ「リビング階段」

と5分ずつ12回会った人とでは、12回会った人の方が親しみを持てるのです。

親子関係も同じです。リビング階段にしておけば、何度も顔を合わせることができ、家族の絆も深まります。

帰宅した子どもが2階の子ども部屋に行く時、玄関ホールに階段をつけてしまうと、お母さんはお子さんの顔を見ないままになってしまうこともあります。

でも、リビング階段なら、子どもが帰ってきた時はもちろん、お風呂に入る時、洗面所に行く時など、ちょくちょく顔を合わせることになります。

子どもが何か悩みを抱えていないか、学校でうまくいっているか、などは、ふだんの何気ない様子を見ることで察知できるものです。

子どもが大きくなってお友だちを呼ぶようになると、ご挨拶のできる良いお友だちかどうか、さりげなくチェックすることもできます。

また、リビングの吹き抜けを中心に子ども部屋を配置し、吹き抜け側に窓をつけるのもおもしろい工夫です。

お子さんは子ども部屋にいても、1階でお母さんが料理をしたり、リビングで本を読んだり掃除をしたりしているのを感じることができます。

窓を開けて1階にいるお母さんに話しかけることもできます。これは、ちょっとした楽しいシチュエーションだと思いませんか。

このほかにも、家族がお互いの存在を感じ、ふれあうことのできる間取りの工夫はいくらでもあります。

ぜひ、家族の絆が深まるような楽しい工夫を取り入れてみてください。

つい長居してしまうリビング

子どもが成長するにしたがって、自室でばかりすごしがちになる。これはよくあることです。でも、これでは家族のつながりが薄れてきてしまいます。

子どもが成長したとしても、どうしても長居してしまう、そんなリビングをつくるようにしましょう。

そのためには、リビングを家の中で最も居心地の良い場所にする必要があります。

居心地の良くなる要素としては、次のようなことが挙げられます。

○窓からの日射しがさんさんと降り注ぐ
○家の中で最高の空調が整っている

○座り心地の良いソファや椅子がある
○テレビが置いてある（テレビがあるのはリビングだけ）
○テレビゲームが置いてある（テレビゲームは自室でしない）
○音響設備が整ったオーディオ設備がある
○一家に一台のパソコンがリビングにある
○固定電話とＦＡＸが置いてある

ポイントは、居心地が良いことと、リビングでしかできないことがある、ということです。よく、せっかく子ども部屋をつくったのだからと、テレビやゲーム、パソコンまで置いてあげるというケースがあります。

これでは子ども部屋の居心地が良すぎて、出たくなくなってしまいます。テレビやパソコンを何台も使うことによって、電気代もばかになりません。

リビングにいけばゲームができる、パソコンもできる。親子でゲームを楽しむこともできます。これなら、知らぬ間につい長居してしまうのではないでしょうか。

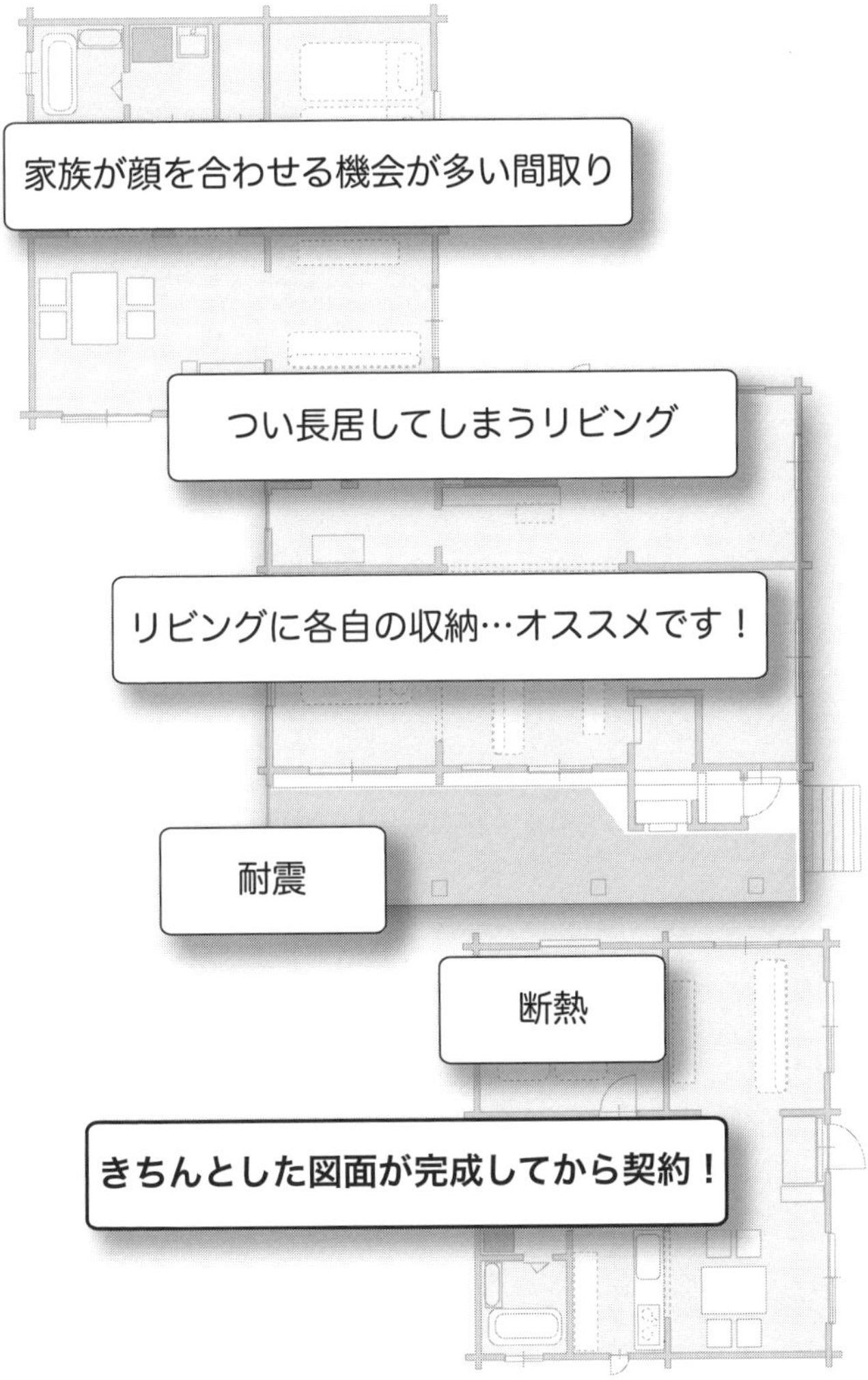
家族が顔を合わせる機会が多い間取り
つい長居してしまうリビング
リビングに各自の収納…オススメです！
耐震
断熱
きちんとした図面が完成してから契約！

リビングに各自の収納場所をつくろう

家族全員が集まり、長い時間を過ごすためには、一人ひとりの私物をしまっておくことのできる収納場所をつくっておくのも大切なポイントです。

せっかく子どもがリビングに下りてきたのに、本を取りに部屋に戻って、面倒になったのかそのままになってしまった、などということがあるからです。

収納スペースの一角に各自の専用スペースを設けて、私物をしまえるようにしておきましょう。

読みかけの本や、つくりかけのプラモデル、描きかけの絵、やりかけの刺繍やパッチワークなど、それぞれがリビングにいる時に使う物を自由に入れておくのです。

リビングがダイニングと一続きのリビング・ダイニングなら、お子さんがダイニングテーブルで宿題ができるように、勉強道具をしまっておくこともできます。

ソファでお父さんやお母さんが読書をしてすごしていて、子どもたちはダイニングテーブルでお絵かきや宿題。別々のことをしていても、同じ空間の中にいると、お互いの存在を感じることができます。

リビングに、私物をしまえる収納スペースをつくっておきましょう

「ここ、わからなくなっちゃった」

「そういえば、今日学校でね……」

間近にお父さんやお母さんの存在を感じるからこそ、お子さんはすぐに話しかけることができます。

お父さんやお母さんも、すぐに答えてあげることができます。

リビングに収納場所を確保しておくことは、お客様が急にいらした際にも便利です。

散らかっている物を、とりあえずササッと収納スペースへ避難させてしまえるからです。

そうすればちょっと恥ずかしい思いをしてしまった、などということがなくなります。

外装から内装、個々の部屋など、さまざまな仕様を決めましょう

どんな暮らしがしたいか、新居に持って行く物は何かなどを決めていくと、自然にほしい家のイメージがはっきりしてきます。

そこで今度は具体的な仕様についても考えていきましょう。

まず外観です。洋風、和風、コンクリート打ちっ放しのデザイナーズハウス風、ナチュラルなログハウス調……。

「現場見学会で見た○○様邸のような外観にしたい」というリクエストもいいですね。外観は「家の顔」。眺めるたびに「いいなぁ」と思えるようなものにしましょう。

ただ一つだけ注意点があります。屋根や外壁は紫外線や雨で家の中で一番劣化しやすい場所であり、メンテナンスにお金のかかる部分です。外観については、劣化しにくい材質を標準仕様にしている会社を選ぶことをお勧めします。

外壁を例に取ると、今の主流はサイディングです。サイディングも5ランクに分かれています。1番低価格なものが標準サイディング。2番目は、雨で洗い流しているサイディング。3番目は、劣化しにくいサイディング。4番目は、劣化しにくく雨で洗い流してく

れるサイディング。5番目は、一番高額な光触媒のサイディングです。同じサイディングでもこんなに種類があるのです。

この中で私が一番お勧めするのは、4番目の「劣化しにくく雨で洗い流してくれるサイディング」です。新築時は同じに見えますが、10年経った時には明らかに違いが出てきます。このように、後でお金がかからない工夫も大切です。

外観の次は内装です。

内壁の素材はクロスにするのか、無垢材、あるいは珪藻土にするのか。

床材はフローリングにするか、無垢材やクッションフロアなのか。

こうしたことを決めていきます。

さらに、リビング、キッチン、寝室、子ども部屋、洗面脱衣室、浴室、トイレ、バルコニーなど、個々の部屋について大きさや形状を決めていきます。その際、先ほどの「どの部屋で何がしたい」「何を置きたい」という希望がベースになってきます。

また、断熱やサッシ、シャッター、構造材、冷暖房、バリアフリー、システムキッチンやシステムバスなど、使用器具のメーカーはどこにしたいかなど、さまざまな仕様についても話し合っていきましょう。

地震に備え、強度のある家をつくることを一番にしてください

東日本大震災以来、地震に対する意識は格段に上がりました。

実際に日本は、どこに住んでいようとも、いつ、どれほど大きな地震に見舞われるかわかりません。耐震住宅を建てておくのは当然の備えです。

しかし、多くの住宅メーカーが提案する耐震設計は、非常にお金がかかってしまいます。しかも、間取りを有効に利用できなくなってしまう可能性もあります。

ご存じのように、神社やお寺は100年以上もたせることを考慮して建てます。

宮大工の技術と一級建築士の技術を持っている私から、ローコストで間取りも有効に使える耐震設計の提案があります。

柱は3寸5分角（10・5×10・5センチ）で、通常1・8メートル（もしくは2メートル）感覚で建てるのですが、半分の90センチ（もしくは1メートル）間隔にします。そして、力がかかる隅柱や通し柱だけを4寸角（12×12センチ）にします。

これならお財布にやさしいまま、耐震強度を増すことができます。

また、梁は幅を広げるのではなく、高さを厚くするようにすると、数倍強くなります。

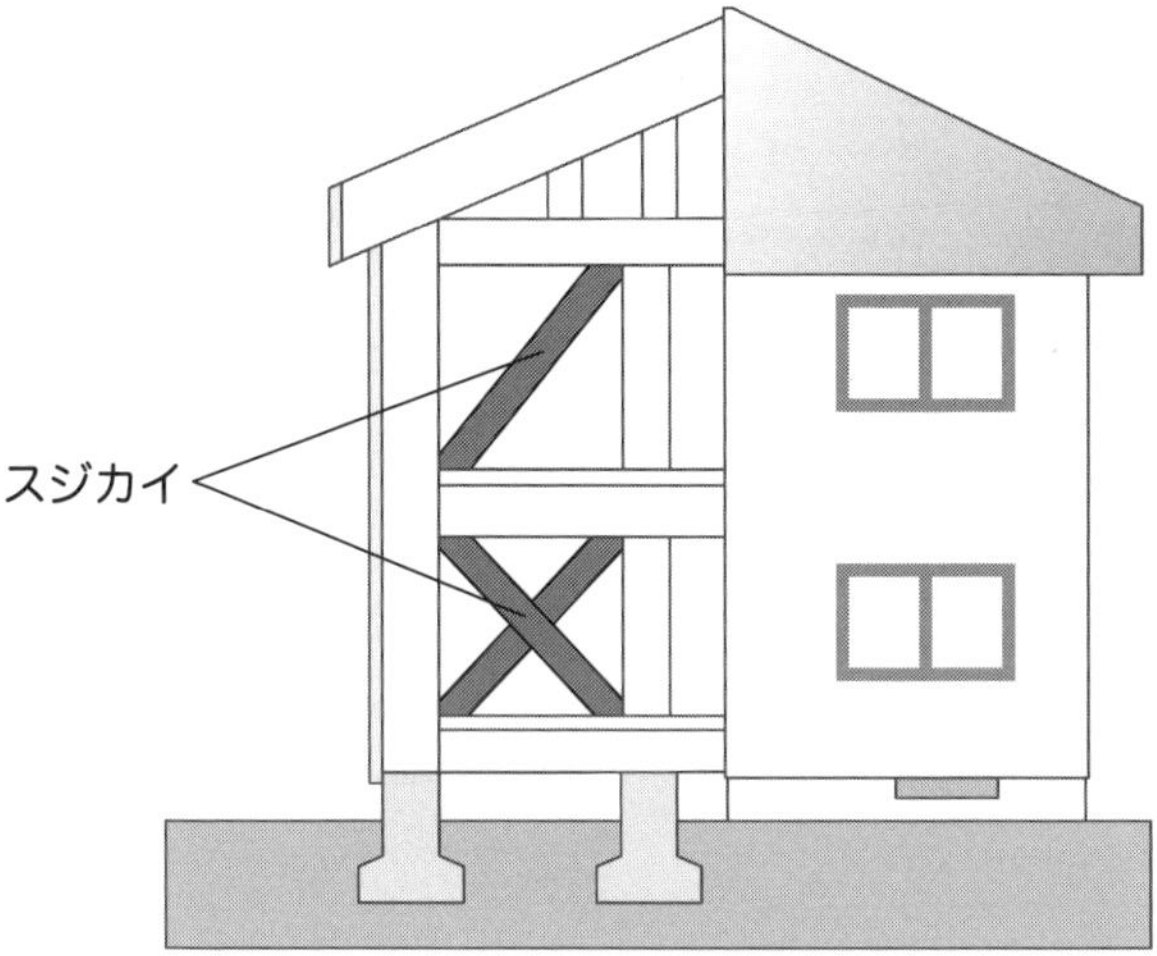

スジカイは耐震のための材ですが、弊社では
強度を上げるため、建築基準法で必要とされる
90ミリを超える120ミリの幅をもたせています。

柱と柱の間に斜めに入れる「スジカイ」は、耐震のための材なのですが、建築基準法では「90ミリの幅が必要」となっています。しかし、木は年月とともに痩せていくので、10年後には80ミリ以下になってしまう場合がほとんどです。これでは地震に耐えるための役割を充分に果たせません。

私の会社では120ミリのものを使っています。これなら10年20年先でも90ミリ以下になることはありません。先の先まで見越して大幅に割増しておくことで、将来も安心して住める家になるのです（前ページ参照）。

「地震に強い家」とは、「耐震の検査に合格する家」ではなく、「地震が来ても倒れない、将来においても安心な家」です。

それは大金をかけなければできないわけではないのです。

外断熱と内断熱、節電に役立つのはどっち？

東日本大震災による電力不足の影響で、今や節電は深刻な問題になっています。これまで何も気にせず使っていた電気。少しでも利用電力を減らすためには、生活の見直しが必要になってきます。夏の電力不足の懸念からエアコンの使用を控えるよう呼びかけられていましたが、冬の暖房に使われる消費電力もばかになりません。

できるだけ快適に節電につとめるためには、冬暖かく、夏は風通しの良い家にする必要があります。

まず、冬の寒さへの対応についてです。

断熱性が悪い家だと、たとえ暖房で室温を上げたとしても、床や壁、窓が冷えているため体感温度が上がりません。これでは暖房費がかさんでしまいます。

しかし、断熱を施して少しの暖房で室内が暖かくなれば、快適な節電が可能になるばかりか光熱費が少なくてすみます。

断熱には外断熱と内断熱があります。これは、断熱材を壁の外側に貼るか（外断熱）、柱の内部に充填するか（内断熱）の違いです。

少しの違いに感じられるかもしれませんが、実際には暖かさはけっこう異なります。

住宅メーカーのＣＭの影響か、外断熱のほうが暖かいと信じているお客様は多いのですが、同じ金額であれば内断熱のほうが暖かいと言えます。

ですから、「安くて暖かい家」を建てたいのであれば内断熱の方がいいのです。

日本では断熱の主流が内断熱で、内断熱用の断熱材のほうが多く流通しています。そのため、内断熱用の断熱材のほうが安価で購入できるのです。

また、「暖かさ」には窓も関係しています。大きな窓は開放感があって気持ちのいいものですが、断熱性は下がってしまいます。窓は、明るさに影響のない場所である北や西面の開口率をできるだけ下げて、アルミ樹脂複合サッシにLOW‐Eペアガラスを使用するといいでしょう。

窓が小さくても、高い位置に設置したり、天窓をつけたりすれば、室内全体が明るく開放的になります。

さらに、窓には風を通しやすくする工夫もしたいものです。そうすれば夏を快適にすごすことができるからです。空気は無風状態でも温度差によって動く性質を持っています。南北の気温差と床と天井の気温差をうまく利用して窓を設置すると、風が家の中を通り抜けていくようになります。

一つの部屋に対して窓を二つ以上、できるだけ離れた対角線上につけると、風が効率よく通り抜け、体感温度を下げることができます。

湿気を外に逃がし、新鮮な空気が流れる仕組みをつくっておくことで、夏も快適にすごすことができるのです。

住宅会社との契約はきちんとした図面が完成してからです

こうして細かいことまでていねいに話し合っていくと、「幸せになれる家」はかなり具体的になってきます。

これから住宅会社の人は図面を起こしてくれます。

図面をつくるために行う第1回目の打ち合わせは、時間がかかると思って間違いありません。住宅会社の人と一緒にプランを立てていくのは、まさに時を忘れるほど熱中してしまうもので、いつの間にか何時間も経過していた、などということも多々あります。

1回目の話し合いによる図面ができあがった時は、どのお客様もとてもうれしそうです。それまでは「こんな感じ、あんなふう」と、想像でしかなかったものが、図面という見えるものになったためでしょう。

この最初の図面を見ながら、お客様と第2回目の話し合いをします。

「リビングの収納スペースは、もう少しあったほうがいい」

「テレビの位置をこちらにもってきたいから、コンセントの位置も変えてほしい」

こうした具体的な話ができるのも図面があるからこそです。

2回目の打ち合わせでは図面を前に修正点を話し合います。担当者はお客様の要望を聞いて、1回目の図面を修正し、2度目の図面を作成します。

2度目の修正図面が完成したところで、3度目の打ち合わせをします。2回目の打ち合わせで大きな修正をしているため、3回目は微調整になることがほとんどです。この微調整をすれば、図面は完成です。こうしてできあがった図面は、資金計画で出した金額に収まるように、お客様の希望やこだわりを盛り込んだプランです。

これで納得できれば、あとは着工ということになります。

私の会社では、この時点でご契約を結ぶことになっています。

土地探し

建築プランが決まれば、建築のプロと一緒に土地探しを始めます

さて、ここで一度、「家族が幸せになれる家づくり」の順番をおさらいしてみましょう。

①資金計画（土地＋建物＋その他諸費用）

②良い住宅会社選びと建築プランづくり

③土地選びと土地購入

ここまで、①の資金計画から②の住宅会社選びと建築プランづくりまで来ました。

いよいよ土地探しと土地の購入です。もっとも、土地を探すのは建築プランづくりと並行してもかまいません。

土地選びと土地購入にも、大切な条件があります。それは、土地選びは不動産屋さんではなく、「幸せになれる家」の建築プランを任せた住宅会社の建築のプロと一緒に行く、ということです。

不動産屋さんは土地売買のプロです。「だったら土地の相談は不動産屋さんのほうがいいでしょう?」と思われるかもしれません。

しかし、プロといっても、不動産屋さんは「土地を高く売るプロ」なのです。その土地がお客様が幸せになれる土地かどうかは、ほとんど考えていないといっていいでしょう。

それに対して建築のプロは、「家を建てるのに適している土地か」「生活に適しているか」という観点から土地の善し悪しを判断します。立地条件や法的条件からも、お客様の建築プランにふさわしい土地かどうかを見極めてくれます。

建築のプロとは、大工をやっていた設計者で営業もやっている、というような人です。

大工、設計者、現場監督、営業マンなどを兼任できる能力のある人であればベストです。

土地は何度でも見に行くようにしましょう

候補地が決まったら、何度でも見に行くようにします。しかし、毎回似たような時間帯に行くのでは意味がありません。

早朝、朝、昼、夕方、夜、深夜と、いろいろな時間に行ってみて、周辺の環境なども見ておきましょう。

週末に見に来た時は静かな良いところだと思ったのに、平日は工場の騒音がうるさい。深夜に近くを通る高速道路の音が思いのほか気になった。そんな発見があるはずです。

また、ゴミステーションがどこにあるか、ゴミの出し方がずさんだったりしないか。

近所に同じ年齢層の子どもがいるような家があるかどうか。これは庭先に砂遊び用の玩具があったり、子ども用の自転車が止めてあったりすることで判断できます。

住んでから、ご近所さんとの人間関係で悩まれている方が多いのも事実です。

土地購入前に、ご近所さんにごあいさつされることをお勧めします。その時、その土地の住み心地も聞きながら、人柄も確認しておくことも重要です。もしも相性が合いそうもなければ、いくら良い土地でもやめた方がいいでしょう。

ご近所同士がなごやかな感じで話しているかどうかということも、見ておきたいところです。地域のコミュニケーションが良好なところは、やはり暮らしていて気持ちの良いものです。

悪天候の時に見に行くのも重要です。雨の日、台風の日、雪の日。路面が凍結するほど冷え込んだ日。こういう日に土地とその周辺はどうなっているでしょうか。水はけは良いでしょうか。台風の日に危険になるような看板や樹木はないか、除雪車はどこまで来てくれるかなど、さまざまなことを確認しておきましょう。

土地購入の交渉や契約はプロに任せるのが安心です

どの土地にするか決定したら、土地の交渉や契約にも、建築プランをたてた建築のプロと、「宅地建物取引主任」に相談しましょう。同行してもらえればなお安心です。

建築のプロが「宅地建物取引主任」も兼任できるなら、言うことはありません。

不動産屋さんとの交渉は、一般の人には難しいものです。特に値引きを交渉する場合は、なかなか一筋縄ではいかないでしょう。

土地は値引きの余地があります。提示された金額に素直に応じるのではなく、思い切って交渉をしてみるべきです。それを知り尽くしているのが、建築のプロと宅地建物取引主任なのです。建物の場合、値引きすると手抜き工事をされる可能性がありますが、土地の場合は値引きしたからといって、その土地の土を運び出してしまうこともなければ、狭くされてしまうこともありません。

安心して値引き交渉をしてみましょう。ここで少し資金が浮けば、その分だけ経済的に余裕が出てきます。

着工～棟上げ～完成

家ができるまでの具体的な流れはこのようになっています

資金計画も図面も完成、土地も手に入りました。

さあ、いよいよ本格的に「家族が幸せになれる家づくり」が始まります。

多くの人にとって家づくりは一生に一度の経験です。スタートから完成までどんな流れなのか、よくわからないという方もめずらしくありません。

そこで、着工から完成までの流れをざっとご説明しましょう。

○建築確認申請

まずは建築確認申請の提出をします。何も問題がなければ提出から約2～3週間後に「確認済み証」が交付されます。

○地鎮祭

工事を始める前に、その土地の神様を鎮め、敷地を使わせていただく許可を得、さらに工事の安全と、これから建てる家が末永く建ち続けることを祈願する儀式です。

売り地だったところに、四方に竹を立てて四角く縄が張られていることがあります。これは地鎮祭を行うためです。

地鎮祭当日は、神主さんと御施主様ご一家、住宅会社の担当者が集まります。

四角く張られた縄の内側には、野菜や魚などをお供えし、玉串や鍬入れの儀を行います。

最後に御神酒をいただいて、記念撮影をします。

地鎮祭を終えた時、神主さんは家の中心に埋める「沈め物」を御施主様に渡します。それを工事業者が基礎工事の時に埋めます。

地鎮祭は昔ながらの伝統的な行事で、家族の思い出にもなります。住宅会社の人にお願いして、家族全員が揃っている記念写真を撮っておくことをお勧めします。

○基礎工事

基礎工事では、基礎の位置を決めたり、鉄筋を組んだりします。

また、社内検査と検査機関に提出用の検査（配筋検査）があります。その際に撮った写真や検査資料はもらっておくようにしましょう。後で、どのような検査をしたのか、鉄筋はどのように入っていたのかを確認することができます。資料や写真を持っておけば、万が一トラブルが生じた際にも解決しやすくなります。

○棟上げ

何人もの職人さんが1階柱、2階床、2階柱、2階小屋、屋根という順番で家を組み立てていきます。これはいわば家の骨格づくりで、仕上がっていくにつれ家の全貌がわかってきます。

棟上げはお祝いの日で、昔はご近所までが集まって工事現場で宴会をしました。最近は車で帰宅する職人さんも少なくないため、お酒を飲むことができず、あまり華やかな宴会はなくなってしまいました。それでも、思い出に残る記念日なので、家族そろって見学し

資金計画（土地＋建物＋その他諸費用）
良い住宅会社選びと建築プランづくり
土地選びと土地購入
建築確認申請
地鎮祭
基礎工事
棟上げ
屋根工事
間柱・スジカイの施工
外部工事
内部工事
内部仕上げ
設備
完了検査・登記・引き渡し
「家族が幸せになれる家」での物語のはじまり

ていただき、職人さんとも親しく交流していただきたいと思います。
職人さんへのねぎらいの言葉一つで、作業はより円滑に進められるものです。

○屋根工事

大工さんが仕上げた屋根の下地に、瓦やカラーベストといった屋根材を張っていく工事です。屋根の色や種類が希望通りになっているか、確認しておきましょう。

○間柱・スジカイの施工

間柱とは柱と柱の間にある、壁をつくる材です。スジカイは耐震のために柱と柱の間に斜めに入れる材です。

この時、柱の上下、スジカイの上下、梁のつなぎ目など、つなぎ目となる部分に金物がしっかりついているかどうかを確認してください。

この段階で再び社内検査と検査機関による検査があります。基礎工事の時と同様、写真や資料は必ずとっておくようにしましょう。

○外部工事

軒裏の施工、サッシの取り付け、防水シート張り、防水テープ張りなどをすませてから、外壁の施工に入ります。ますます「家」らしくなっていきます。

○内部工事

壁下地、天井下地、断熱材施工、壁・天井ボード張り、フローリング張り、窓枠の取り付け、内部ドアの取り付けなどが行われます。

外から見ていると、工事が進んでいるのか今ひとつわからないものです。職人さんに声をかけて、内部を見せてもらうといいでしょう。

○内部仕上げ

クロス張りが完成した後で、畳の敷き込みなどを行います。

○設備

キッチン、トイレ、洗面台など水回りの器具を取り付けます。

これで建築作業は終了です。

あとは家全体をきれいにして、いつでも引き渡せる状態にするばかり。

完了検査や表示登記をすませて、最終金の支払いをします。住宅会社から新居の鍵をもらうのは、この時です。

この鍵を手にした瞬間から、「家族が幸せになれる家」での物語が始まります。

なお、引き渡しの際は、必ず10年間の保証書をもらっておきましょう。

工事の途中で気が変わってしまったら……

何度も話し合って図面を決めたものの、工事が始まってから「やっぱりこんなふうにしたい」と気が変わってしまうことがあるかもしれません。その場合は、まず工事の責任者に相談してください。変更は可能か、変更すると金額にはどのような影響があるか、もしくは同じ金額の中で変更できるかどうか。

こうした点をはっきりさせておくことが重要です。

その際、「この仕様を、こちらに変更しました」という内容の文書を必ずつくっておくことです。きちんと文書化しておくことは、トラブルを防ぐ最適な方法なのです。

着工したら週に1回は現場を見学し、大工さんに感謝の言葉を

地鎮祭がすんで基礎工事も無事終了。

棟上げの後は、日一日と家らしくなっていくため、何度眺めてもワクワクするものです。

「あまりたびたび見に行くと、大工さんの仕事のジャマになるんじゃないか」

そんな心配は無用です。もちろんジャマにならないよう、安全にも気を配りながら見学するのであれば、まったく問題ありません。それどころか、むしろ週に一度くらいは現場を見学してほしいと思います。その際、大工さんには必ず声をかけるようにしてください。

「いつもありがとうございます」

「完成するのを楽しみにしています」

「ていねいに仕事してくださっているので、本当にうれしいです」

こんなふうにねぎらいの言葉を伝えていただきたいのです。

お客様と直接接することの多い住宅会社の人と違って、大工さんとは地鎮祭や棟上げで会っただけ、という場合が少なくありません。誰がその家で暮らすのか、お客様の顔がほとんど見えない状態で、家をつくっているのです。

そのうえ、大工さんを「下請け業者」としている住宅会社や現場監督から、「やらせてやっている」という扱いを受けることがめずらしくありません。

実際に額に汗して家を建てているのは大工さんなのに、これではモチベーションが下がっても不思議ではありません。

御施主様が頻繁に現場を見学に来て、そのたびに「ありがとうございます」「ご苦労様です」と声をかけると、大工さんの意識は格段に変わります。

「あのご家族のために、良い家をつくろう」

「この子ども部屋で、あの坊やが暮らすんだな。気に入ってくれるかな」

「ここは入念にやっておこう。ご家族のだんらんが台無しになったらたいへんだ」

その家で暮らす人たちが身近に感じられ、もっと喜んでもらえるように尽くしたいという気持ちになるのです。

ただ単に事務的に家を建てるのではなくなります。住む人の顔を思い浮かべ、無意識にていねいな仕事をするようになります。

これは大工さんにとっても良いことですし、お客様にとっても良いことです。

着工したら、大工さんとのふれあいも楽しんでください。

「あの人たちがつくってくれたんだから」

この信頼が、「家族が幸せになれる家」には必要なのです。

第4章

「家族の幸せ」のためには「会話と健康」が不可欠

「幸せになれる家」には「幸せな家族」が必要です

私の提案する「家族が幸せになれる家」とはどういうものか、また、実現させるには具体的にどのようにしていけばいいのか、だいたいおわかりいただけたと思います。

しかし、無事「幸せになれる家」が完成したとしても、それはあくまでも「外側」にすぎません。「幸せになれる家」は、内側に「幸せな家族」が暮らしてこそ、完成します。

そのためには互いに信頼し合い、強い絆で結ばれた家族であり続けることが望まれます。

こうして言葉にしてしまうと、なんだかとても難しそうです。

でも、「幸せな家族」になるには、何か特別な取り決めや約束事が必要なのではなく、ごくごく何気ない日々の積み重ねこそが大切です。

その最たるものは、「会話」であると私は思っています。

家族の幸せは日々の会話で形づくられていきます

「ただいまぁ」

「お帰りなさい。お弁当、全部食べられた?」

毎日繰り返される、お子さんとお母さんの、ごく当たり前の会話。

しかし、たったこれだけのやりとりの中に、どれだけ幸せが含まれているか、考えたことはあるでしょうか。

失われて初めてその存在の大きさに気づくということがありますが、まさに家族の日々の会話は、そうしたものだと思います。

それだけに、もっともっと家族が幸せになれるよう、日々の会話にもう少しだけ心を向けていただきたいのです。

「お弁当、残しちゃった」

「ええ～？　全部食べなくちゃダメって言ってるじゃないの。そんな子にはおやつはありませんよ」

お子さんがお父さん、お母さんにとって望ましくないことをした時、こんなふうに言っているかもしれません。親の立場にしてみれば、これは間違ったことではありません。親は子どもをしつけなければなりませんから、こうした指導があって当たり前なのです。

しかし、これでは「意識」の部分だけの対応になってしまいます。

家族の幸せは日々の会話で形づくられる

ハンバーグの大きさで兄弟ゲンカ。どうやって注意しますか？

子どもに対する会話のコツで、私がよく取り上げるのがハンバーグの話です。

週末に家族でレストランに食事に行ったとしましょう。

子どもたちが楽しみにしていたハンバーグステーキが運ばれてきましたが、どう見ても上の子のハンバーグより下の子のハンバーグが大きいのです。

上の子は「ずるい、こんなのいやだ」と言い出しました。弟のと交換しようとして、それを下の子が拒んだために、ケンカがはじまりました。

その時、あなたならどうしますか？

「くだらないことでケンカするのはよしなさい！」

最もありそうな叱り方です。でも、これは良くありません。

「お兄ちゃんでしょ、ガマンしなさい」

これも良くありません。先の言葉にしても、この言葉にしても、親は親の立場でしか物事を見ていないことがよくわかります。親の立場にしてみれば、間違ったことではなかったとしても、子どもの立場になってみたらどうでしょう？

ご自身の子どもの頃のことを思い出してみてください。ハンバーグの大きさ、おやつの数など、どれも子どもにしてみれば真剣そのものではなかったですか？

ハンバーグといっても、子どもにとってそれは大人にとってのお給料と同じようなものです。まったく同じ仕事をしているのに、同僚よりもお給料が少なかったら、やはり「どうして？」と不快に思うはずです。

では、どうすればいいのでしょうか。

まず、「本当だね、ちょっと小さいね。パパだって大きい方がいいよ。だから○○ちゃんも大きい方がいいよね」と、子どもの不満に対して共感します。すると子どもは「うん」と言います。親が子どもの気持ちを理解したからです。どうしてかというと、それは事実であって、子どもがそう思ったとしても当然だからです。

その後で、「でも、レストランの人も悪気があってやったんじゃなくて、たまたまこんなふうになってしまっただけだと思うよ。たまには仕方がないよね。いつも良い子な○○ちゃんだったらわかってくれるよね。だから、今日はちょっとガマンしようか」とアドバイスをします。

子どもは最初に自分の言ったことを受け入れてもらっているので、その後の言葉に対して「聞く耳」を持っています。だから、こうしたアドバイスに対しても、案外素直に応じることができるのです。

大きいハンバーグがいいというのは当たり前のことです。それが悪いのではありません。そこを否定するのではなく、そこを認めてその先の考え方を教えればいいのです。アドバイスを実際に聞くかどうかは、本人に任せておきましょう。たとえ子どもであろうとも、一人の人格を持った人間だからです。

否定から入ってしまうと、会話はうまくいかなくなる

こうした対応については、子どもだろうと大人だろうと同じだと思っています。私は自分の子どもにも、職人さんに対しても同じようにしています。

お互いに信頼し合うためには、上下関係があってはならないからです。

よく、「相手の身になって考える」と言いますが、上下の意識を持っていたら、なかなかできるものではありません。

ここで少しイメージしてください。

あなたのお子さんが学校で友だちのことをぶってしまったとします。お子さんが帰る前に担任の先生から電話があり、あなたはそのことを知りました。

そこへ、お子さんが帰ってきました。少し様子が変ですが、何も言わずに自室に入ってしまいました。

そういう場合、あなたなら、お子さんに何と言って声をかけますか？

「今日、学校でお友達のことぶったんですって？ どうしてそんなことするの！ 暴力をふるうなんて、ダメでしょう！」

こんなふうに叱る方がほとんどだと思います。

実際に、暴力をふるうのはいけないことだし、叱らなければなりません。

でも、もしもお子さんが、大好きなお母さんのことをバカにされてしまい、がまんできなくて相手に手を出してしまった、としたらどうでしょう？ あなたは頭から叱ることができますか？

この無意識の部分にある思いを、まず受け止めるようにすると、自然と「ダメじゃないの」という否定の言葉が出なくなります。

否定から入ると会話は決してうまくいきません。お互いの思いがすれ違ったままになってしまいます。「ぼくの大切なお母さんのことをバカにするなんて許せない」という良い心まで否定することになってしまうのです。

何かを相手に伝えようとする際、それが「注意をする」ような場面であれば、必ず相手をまず受け入れることです。否定から入らないようにすれば、きっとうまくいきます。

今回の場合では、「どうしてぶってしまったの？　何か理由があったんでしょう？」と伝えてあげるのです。そうすれば、子どもはきっと理由を話してくれるでしょう。

「お母さんのこと、そこまで大事に思ってくれてありがとう。お母さん、とってもうれしいわよ。でもね、ぶったりするのはやっぱり悪いことだから、今度からは気をつけましょうね」

このように話せば、「お母さんのことをバカにされたくなかった」という子どもの思いはきちんと理解されたことになります。

お子さんを「できない」「うるさい」と何気なく言っていませんか？

この「否定の言葉」ですが、まったく意識せず習慣的に言ってしまっている人は、案外多いものです。

「うちの子はできなくて」

「うるさいんですよ」

「うちの子、ほんとに言うことを聞かないんです」

ご近所の方と話す時、子どもの同級生のお母さんと話す時、こんなふうに言ったりしていませんか？

お買い物途中で立ち話をしている子連れのお母さんたちの横を通った時など、ふとこんな言葉が耳に入ってくるのはめずらしいことではありません。

お母さんにしてみれば、謙遜しているのかもしれません。「うちの子は良い子なんです」などと言ったら、自慢していると思われると心配しているのかもしれません。

あるいは、子どもというものを、「親の付属物」というふうに受け止めているのかもしれません。自分の分身、親に付属しているものと考えれば、自分の思い通りになっていない時、なんだか腹立たしくなります。すると、「できない子」「言うことを聞かない子」という発想が自然と出てきてしまいます。

しかし、それを聞いた子どものほうはどうでしょうか。

決して良い気持ちはしません。それどころか、信頼しているお母さんからそんなふうに言われて、がっかりしてしまうことでしょう。

これでは、いろんなことにがんばろうという気持ちも薄れてしまいます。

大工さんが頭ごなしに叱られて、やる気をなくしてしまうのと、まったく同じ状態になるのです。

私は、子どもと親は対等だと思っています。逆に子どもの方が上かもしれないとさえ思います。なぜなら、子どもが生まれてきてくれなかったとしたら、こんなに楽しい人生を送ることもできないし、仕事の活力も湧いてこないからです。

親の方が少しだけ人生の経験を多くしているだけ。

私は心から子どもに対して感謝しています。「私の子どもに生まれて来てくれてありがとう」といつも思っています。

子どもとの会話の秘訣は、夫婦でもまったく同じです

相手を否定しない。

相手のしたことを、まず受け入れる。

アドバイスを受け入れるかどうかは、相手に任せる。

子どもとの会話のルールは、私にしてみれば職人さんとの会話のルールでもあります。

そして、夫婦の間のルールでもあります。

家族が幸せにまとまるためには、まず夫婦が信頼し合っていなければなりません。夫婦仲が良いと、不思議と子どもも明るく穏やかに育ちます。しかし、結婚してお互いの存在に慣れてしまうと、ちょっとした物言いが雑になっていく傾向にあるようです。

この部分を、まず見直してみませんか。

夫婦の間で、お互いを否定せず、何事もまず受け入れ、アドバイスを受け入れるかどうかについては相手に任せてしまうようにするのです。

これだけで新婚時代のような、やさしい関係が戻ってきます。

仲の良いお父さんとお母さんの姿は、何より子どもを幸せにすることでしょう。

ささやかな積み重ねが、あとで大きく物を言う

こうしたことは、毎日積み重ねていく小さな心がけです。

一つ一つはささやかなことであり、ささやかであるために、ついつい忘れがちになってしまいます。

小さなことの積み重ねというのは、実はけっこう難しいことだと言うべきでしょう。

しかし、それをするかしないかで、その人の人生は大きく変わってきてしまいます。

よく、「これを飲めば1週間で10キロ痩せる！」などというコマーシャルがあります。「3日で5キロ痩せる方法」などというダイエット法もあります。

1週間飲めばいい、3日ガマンすればいい、ということは、その時だけ大変な無理をするということです。

しかし、無理をして必死になった結果、ガマンの期間が終わって解禁となったらどうでしょう。一気にリバウンドしてしまうのが関の山です。

無理をした結果、前と同じか、前よりも悪い結果を招いてしまう。これでは、いったい何のためのガマンだったのかわからなくなってしまいます。

短期間で劇的に変化するのを求めても、しょせんは身につくまでには至りません。わずか3％の意識の部分で行っておしまいになるからです。

「家族が幸せになれるように、こういう自分になろう」という思いは、97％の無意識の部分に、日々、浸透させていかなければ本物にはならないのです。

積み重ねて確かなものとなるまでには、だいたい1年かかります

ダイエットの話を例に取るとわかりやすいので再び取り上げましょう。

健康的なダイエットのためには「1ヶ月に0・5〜1キロの脂肪を落としていく」のが理想的だとされています。

毎日、食事に気をつけて、運動も怠らない努力を続けて、1ヶ月にわずか1キロです。はた目からは、痩せたようには見えないでしょう。

でも、3ヶ月後に会うと、「なんとなく前会った時よりもスッキリしている」ということが相手にわかるはずです。

そして、1年後には、「ずいぶん痩せたわねえ!」なんて、びっくりされてしまうことでしょう。1ヶ月に1キロという、ほんのわずかずつの減量でも、1年経てば12キロです。これは確かに驚くほどの成果です。

しかも1年も続けているのですから、その人にとっては食事療法や運動は、もはや当たり前のことになっています。同じことを続けていく以上、健康を維持していくことは可能でしょう。

見えない部分、無意識の部分を変えていく時も、まさにこれと同じことが起こります。

相手を否定しないように心がけることを、1日やってみます。この時点では、違和感を覚えたり、これでホントにいいのかなと疑問を抱いたりします。

1週間目になると、なんとなくわかったかもしれない、という感じになります。

1ヶ月経てば、30日続けたことになります。この時点で、「なるほど！」と、溜飲を下げたような気持ちになります。「できたかもしれないな」と感じるのもこの頃です。

3ヶ月後には、ほぼ定着し始めます。

1年後には、まったく無意識のうちに、いつでも相手を受け入れるようになっています。

その時には、「相手のことをまず受け入れよう、否定しないようにしよう」などという意識はすっかり忘れてしまいます。

そうすることがあまりにも当たり前で、「しないと自分ではない」と感じられるほどになるのです。

継続していくためには100点を目指さないこと。70点でいい

ささやかなことを積み重ね、一生続けていくためには、ちょっとしたコツが必要です。

それは100点を目指さないことです。だいたい70点くらいのところが、続けていく目安として最適です。

私はある時から、健康のために野菜中心の食生活に切り替えました。1週間のうち、6日間は季節の野菜中心の食事にしています。

でも、週末、土曜日だけは肉料理もいただくのです。土曜日の夜に家族で焼き肉レストランに行くこともあれば、家でしゃぶしゃぶやすき焼きをすることもあります。

1週間に1日だけなので、しょっちゅう食べていた頃よりも、ずっとおいしく感じられるし、とても楽しみです。

この1日があるおかげで、野菜食の6日間も、「またがんばろう」という気持ちになれます。不思議なことに続けていると、お肉はもちろんですが、野菜までどんどんおいしく感じられるようになりました。

そのうえ体調が非常に良いのです。体調が良いために、食事がよけいおいしく感じられるということも、きっとあるのでしょう。

ささやかなことを続けていく際、「きのう、気をつけようと思ったばかりなのに、また失敗してしまった」ということがあるものです。

ダイエット
習慣
運動
食生活
ささやかなこと
心がけ
積み重ね
継続していくためには100点を目指さない

お子さんにも、「きのう言ったばかりなのに、なんでまた同じことするの！」なんて叱ったりしませんか？

日々、１００点を目指してしまうから、こんなふうな言い方をしたり、自分を責めてしまったりするのです。

それより、「今日もまあまあ、心がけることができた。失敗はしたけれど、その失敗に自分から気づくことができた」くらいの気持ちでいて、努力を明日に続けていくようにするほうが、結果としては大きな成果をあげることができます。

家族が幸せでいるためには、健康が最も大切な要素です

私が野菜中心の食生活をするようになったのも、実は「家族が幸せになれる家」をつくり続けていくためなのです。

幸せになれる家があって、家族もとても仲が良い。でも、もしも健康ではなかったら、幸せとは言えないでしょう。

人は生きている限り、思いがけない事故に遭ったり病気になったりするものです。そのとたん、家族の幸せは大きく揺らいでしまいます。そんな事態を誰も望んではいません。

病気や事故を完全に避けることはできなくても、回避しようとする努力はできるはずです。だから私は、食生活を改善することにしたのです。

聞くところによると、今や日本人の3人に1人はガンを発症しているそうです。

今やガンは死因のトップとなっていますが、私が子どものころには、そんなに一般的な病気ではありませんでした。誰かがガンになったと聞くと、非常に驚いた記憶があります。

それもそのはずで、調べてみると父の代では、ガンになる割合は5人に1人だったのです。父の時代といっても、昭和の生まれですから、そんなに大昔ではありません。今から50～60年ほど前のことです。しかし、たったそれだけの間に、「5人に1人」から「3人に1人」という割合に変わっており、近い将来「2人に1人」になると言われています。

その間に変化したことといえば、なんといっても食生活です。

健康のためには昔ながらの食生活が良いと言われますが、私もそれにならって、野菜中心だった昔の日本人の食生活に近づけてみようと思い立ったわけです。

こうして私が健康を維持できれば、もちろん私の家族は幸せでいられます。

なぜなら、私が「お客様を幸せにする家づくり」という仕事をすることができ、家族を幸せなお金で養うことができるからです。

「家族が幸せになれる家」をお客様に提供できるのも、健康な体があってこそです。自分自身の健康を守ることが、家族の幸せでもあり、お客様のためにもなる——。

すべては一つの目的を目指してつながっていくのです。

幸せな家族は幸せな家族を生む

念願のマイホームを手に入れたお客様からは、さまざまな喜びの声が届きます。

明るいキッチンでお料理が楽しくて仕方ないという奥様。

子どものためにペットを飼いたいという願いがかない、可愛い子犬が家族の一員になったというご家族。

子どもと一緒におもちゃだらけの湯船に入って、文句どころか幸せでいっぱいのパパ。

どの声からも、見えてくるのは幸せそうなご家族の様子です。

きっと、にぎやかで笑い声が絶えないことでしょう。

子どもたちは成長するにつれて、さまざまな壁にぶつかります。悩んだり、回り道をしたりするかもしれません。大人になっていく過程の中で、誰もが避けられないことです。

しかし、あたたかな家族、幸せな家族の中で育った子どもは、そうした苦難を力強く乗り越えていくはずです。家族ですごした何気ない毎日が、その子にとって確かな支えになるからです。そうして、子どもたちは、将来、どんな家族をつくるでしょうか。

きっと幸せな家族に違いない。私はそう信じています。

私と弟も、あたたかな団らんの中で育ちました。そして今では、それぞれ2人の子どもをもつ親になりました。私たち兄弟が「家族の幸せ」にこだわるのも、幸せな家で育ててもらった経験があるからだと思っています。

「家族が幸せになれる家」をつくることによって、また一つ、幸せな家族が生まれました――。

それは将来の「幸せな家族」へとつながっているのです。

おわりに……心をつくる仕事で日本中を幸せにしたい

初代が活躍した150年前から現在に至るまで、日本の住宅は時代と共に変化し続けてきました。何年か前から流行しているデザイナーズハウスなど、初代の頃には想像もつかなかった住宅でしょう。でも、今は持てはやされているかもしれませんが、100年先の未来ではどうでしょうか。

「こんな古くさいの、大昔はあったかもしれないけど、今の時代では使えませんよ」などと言われてしまうかもしれません。このように家という商品にも流行すたりがあります。

しかし私は、初代の安政の時代にも、100年後の未来にも、通用するものをつくりたいのです。それは宮大工の技術を駆使して、100年以上続く家をつくるということではありません。「幸せになれる家をつくる」という「心」をつくりたいのです。

たとえ1000年先であろうとも、人々が家を建てようとするとき、そこには幸せを求めるでしょう。これは安政の時代でも同じだったはずです。

ですから私は、それをどうやって実現するのか、どのようにすれば実現できるのか、ノウハウではなく「心」を伝えていきたいのです。

お客様に喜んでいただきたい。お客様が幸せになれる家をつくりたい——。

この「心」もまた、安政の時代だろうと、100年、200年先の未来だろうと、通用するはずです。今と同じく、このような心がけで家づくりをする業者を、お客様は選び取るはずです。幸せと同様、「心」にも流行はないのです。

しかし、商品の開発と違って、「心」をつくるのは、かなりの時間と労力が必要です。

それでも目先の成果ではなく、目標をはるか彼方に置いておきたいと思うのです。「幸せになれる家をつくる」という「心」を継承していくということは、永遠に続く会社をつくることです。

日本を変えたい。家づくりをする全ての方が幸せになっていただく、それが私の目標です。「心」を継承していくこの会社が永遠に続けば、私がこの世を去った後でも、幸せになれる家づくりは続きます。それが各地でできるようになれば、いつかは日本中が「幸せになれる家」でいっぱいになるかもしれません。

それは自分の会社を大きくするということではありません。何もかもこの会社で請け負ったりすれば、とてもではありませんが全国各地に「幸せになれる家」は建てられません。

「幸せになれる家づくり」に賛同してくれる会社が他にも誕生すれば、その分だけ「幸せな家」が建つ範囲が広がります。

現在、弊社の大工さんは12人です。その職人さんの子どもたちは、おそらく「幸せになれる家づくりの心」を継承してくれることでしょう。そうして子や孫の代にまで受け継がれ、彼らが日本各地でそれを広めてくれれば、やはり「幸せになれる家」は増えていきます。目に見える物はいつかは消えていきますし、場所によっては通用しないこともありますが、「心」は無限大であり、時を超えていくこともできるのです。

日本中に「幸せになれる家」が建つということは、「幸せな家族」が増えることです。人々が幸せに暮らしてこそ、国の未来は明るくなるものではないでしょうか。

もちろん、「幸せになれる家」が世界中に広がって、世界中が幸せになれたら、素晴らしいことです。「家族が幸せになれる家」には、子や孫たちの未来に対する可能性も秘められているのです。

宮大工の5代目として生まれ、「幸せになれる家づくり」に携わることができて、私は本当に幸せだと感じています。

「幸せになれる家づくり」の心をつくり、それを継承していくために、これからも一歩一歩歩き続けていきたいと思います。

なお、今の私の会社があるのは、サティスホームの廣田会長と社員の皆様のお陰です。廣田会長には、ご指導とご協力を賜ったのみならず、サティスホームの「お客様の幸せ第一」の姿勢と思いを教えていただいたことに、この場をお借りしまして、お礼と感謝の言葉を申し上げたいと思います。本当にありがとうございました。

最後になりましたが、私の理念を理解し、「幸せになれる家づくり」に全身全霊で協力してくださっている職人さんたち、
どんな時もぶれずに隣を歩いてくれている弟、
さまざまな形で支えてくれている妻と子どもたちに、
この場を借りて、心からの「ありがとう」を伝えたいと思います。
「幸せになれる家」を求められている方々の願いが叶うことを心から祈りつつ、筆を擱きます。

外川　秀之

「家族《かぞく》が幸《しあわ》せになれる家《いえ》」をつくろう！

2012年4月4日　初版第1刷
2018年7月30日　　第2刷

著　者 ―――――――― 外川秀之《とがわひでゆき》
発行者 ―――――――― 坂本桂一
発行所 ―――――――― 現代書林
〒162-0053　東京都新宿区原町3-61　桂ビル
TEL／代表　03(3205)8384
振替00140-7-42905
http://www.gendaishorin.co.jp/
カバーデザイン ―――― 吉﨑広明
本文イラスト ――――― 小林たけひろ

印刷・製本：広研印刷(株)
乱丁・落丁本はお取り替えいたします。

定価はカバーに
表示してあります。

ISBN978-4-7745-1345-4 C0052